Opere di Oriana Fallaci

I SETTE PECCATI DI HOLLYWOOD, 1958

IL SESSO INUTILE, 1961

PENELOPE ALLA GUERRA, 1962

GLI ANTIPATICI, 1963

SE IL SOLE MUORE, 1965

NIENTE E COSÌ SIA, 1969

QUEL GIORNO SULLA LUNA, 1970

INTERVISTA CON LA STORIA, 1974

LETTERA A UN BAMBINO MAI NATO, 1975

UN UOMO, 1979

INSCIALLAH, 1990

Oriana Fallaci

LA RABBIA
E
L'ORGOGLIO

Rizzoli

Ai miei genitori, Edoardo e Tosca Fallaci,
che mi insegnarono a dire la verità
e a mio zio, Bruno Fallaci,
che mi insegnò a scriverla.

AI LETTORI

Io avevo scelto il silenzio. Avevo scelto l'esilio. Perché in America, è giunta l'ora di gridarlo chiaro e tondo, io ci sto come un fuoriuscito. Ci vivo nell'auto-esilio politico che contemporaneamente a mio padre mi imposi molti anni fa. Ossia quando entrambi ci accorgemmo che vivere gomito a gomito con un'Italia i cui ideali giacevano nella spazzatura era diventato troppo difficile, troppo doloroso, e delusi offesi feriti tagliammo i ponti con la gran maggioranza dei nostri connazionali. Lui, ritirandosi su una remota collina del Chianti dove la politica alla quale aveva dedicato la sua vita di uomo integerrimo non arrivava. Io, vagando per il mondo e poi fermandomi a New York dove tra me e la politica di quei connazionali c'era l'Oceano Atlantico. Tale parallelismo può apparire paradossale: lo so. Ma quando l'esilio alberga in un'anima delusa offesa ferita, credimi, la collocazione geografica

7

non conta. Quando ami il tuo paese (e a causa del tuo paese soffri) non v'è alcuna differenza tra fare il Cincinnato su una remota collina del Chianti assieme ai tuoi cani, i tuoi gatti, i tuoi polli, e fare lo scrittore in una metropoli affollata da milioni di abitanti. La solitudine è identica. Il senso di sconfitta, pure.

Del resto New York è sempre stata il Refugium Peccatorum dei fuoriusciti, degli esiliati. Nel 1850, dopo la caduta della Repubblica Romana e la morte di Anita e la fuga dall'Italia, ci venne anche Garibaldi: ricordi? Arrivò il 30 luglio da Liverpool, così arrabbiato che sbarcando disse subito voglio-chiedere-la-cittadinanza-americana, e per due mesi abitò a Manhattan in casa del livornese Giuseppe Pastacaldi cioè al numero 26 di Irving Place. (Indirizzo che conosco bene perché proprio lì, nel 1861, si sarebbe rifugiata la mia bisnonna Anastasìa a sua volta fuggita dall'Italia). In ottobre si trasferì a Staten Island cioè in casa del fiorentino Antonio Meucci (il futuro inventore del telefono) e, per sbarcare il lunario, a Staten Island aprì una fabbrica di salsicce che non ebbe successo. Infatti la trasformò in una fabbrica di candele e nell'osteria di Manhattan dove ogni sabato sera andava per giocare a carte, l'osteria Ventura in Fulton Street, una volta lasciò un biglietto che diceva: «Damn the sausages, bless the candles, God save

Italy if he can. Maledette le salsicce, benedette le candele, Dio salvi l'Italia se può». E ancor prima di Garibaldi, senti chi ci venne. Nel 1833, Piero Maroncelli: il romagnolo che allo Spielberg era stato nella cella di Silvio Pellico, la stessa in cui gli austriaci gli avevano amputato da sveglio la gamba incancrenita, e che a New York morì nel 1846 di stenti e di nostalgia. Nel 1835, Federico Confalonieri: l'aristocratico milanese che gli austriaci avevan condannato a morte ma che sua moglie aveva salvato buttandosi ai piedi dell'imperatore d'Austria. Nel 1836, Felice Foresti: il ravennate al quale nel 1821 gli austriaci avevano commutato la pena di morte in vent'anni di Spielberg ma che quell'anno avevano scarcerato e che New York aveva accolto dandogli la cattedra di letteratura al Columbia College. Nel 1837, i dodici lombardi destinati alla forca ma all'ultimo momento graziati dagli austriaci che tutto sommato si comportavan meglio del Papa e dei Borboni. Nel 1838, il generale Giuseppe Avezzana che nel 1822 era stato condannato a morte in contumacia per aver partecipato ai primi moti costituzionali in Piemonte. Nel 1846, il mazziniano Cecchi-Casali che a Manhattan fondò il giornale «L'Esule Italiano». Nel 1849, il segretario dell'Assemblea costituente romana Quirico Filopanti...

Né è tutto. Perché dopo Garibaldi ne ven-

nero molti altri. Nel 1858, ad esempio, lo storico Vincenzo Botta che per molti anni insegnò alla New York University con la qualifica di Professor Emeritus. E all'inizio della Guerra Civile, cioè il 28 maggio del 1861, proprio qui a New York si formarono le due unità di volontari italiani che la settimana successiva Lincoln avrebbe passato in rassegna a Washington. La Italian Legion che sulla bandiera americana portava un gran fiocco tricolore con la scritta «Vincere o Morire» e le Garibaldi Guards ossia il Thirtyninth New York Infantry Regiment che al posto della bandiera americana portava la bandiera italiana con la quale Garibaldi aveva combattuto nel 1848 in Lombardia e nel 1849 a Roma. Sì, le mitiche Garibaldi Guards. Il mitico Trentanovesimo Fanteria che nei quattro anni di guerra si distinse nelle battaglie più difficili e sanguinose: First Bull Run, Cross Keys, Gettysburg, North Anna, Bristoe Station, Po River, Mine Run, Spotsylvania, Wilderness, Cold Harbor, Strawberry Plain, Petersburg, Deep Bottom su su fino ad Appomattox. Se non ci credi, guarda l'obelisco che sta nel cimitero di Ridge cioè a Gettysburg e leggi la lapide che inneggia agli italiani morti il 2 luglio 1863 per recuperare i cannoni catturati dal generale Lee al Fifth Regiment US Artillery. «Passed away before life's noon /

Who shall say they died too soon? / Ye who mourn, oh, cease from tears / Deeds like these outlast the years».

Quanto ai fuoriusciti che a New York trovarono asilo durante il fascismo, non si contano. E spesso si tratta di uomini che da bambina ho conosciuto perché erano compagni di mio padre cioè appartenenti a Giustizia e Libertà: il movimento fondato negli Anni Trenta da Carlo e Nello Rosselli. I due fratelli assassinati in Francia per ordine di Mussolini. Nel 1924 ci venne, ad esempio, Girolamo Valenti che fondò il quotidiano antifascista «Il Mondo Nuovo». Nel 1925, Armando Borghi che insieme a lui organizzò la Resistenza Italo-Americana. Nel 1926, Carlo Tresca e Arturo Giovannitti che insieme a Max Ascoli fondarono «The Antifascist Alliance of North America». Nel 1927, lo straordinario Gaetano Salvemini che nel 1934 si sarebbe trasferito a Cambridge nel Massachusetts per insegnar Storia all'Università di Harvard e che per tredici anni avrebbe assordato gli americani con le sue conferenze su Hitler e su Mussolini. (Di una ho il manifesto. Lo tengo nel mio living-room, dentro una bella cornice d'argento, e dice: «Sunday, May 7th 1933 at 2,30 p.m. Antifascist Meeting. Irving Plaza hotel, Irving Plaza and 15th Street, New York City. Professor G. Salvemini, International-known

11

Historian, will speak on Hitler and Mussolini. The meeting will be held under the auspices of the Italian organization Justice and Liberty. Admission, 25 cents»). Nel 1931 ci venne Arturo Toscanini, suo grande amico, che Costanzo Ciano aveva appena bastonato a Bologna perché s'era rifiutato di eseguire in un concerto l'inno caro alle Camicie Nere: «Giovinezza, Giovinezza, Primavera di Bellezza». Nel 1940 ci vennero Alberto Tarchiani e Alberto Cianca e Aldo Garosci e Nicola Chiaromonte ed Emilio Lussu che ci trovarono Pacciardi e don Sturzo e che insieme a loro fondarono la «Mazzini Society» poi il settimanale «Nazioni Unite»...

Voglio dire: qui sto in buona compagnia. Quando mi manca l'Italia che non è l'Italia malsana di cui parlavo all'inizio, (e mi manca sempre), non ho che chiamare quei modelli della mia fanciullezza: fumarmi una sigaretta con loro, chiedergli di consolarmi un po'. Mi-dia-una-mano, Salvemini. Mi-dia-una-mano, Cianca. Mi-dia-una-mano, Garosci... Oppure non ho che evocare i gloriosi fantasmi di Garibaldi, Maroncelli, Confalonieri eccetera. Fargli un inchino, offrirgli un grappino, mettere il disco del Nabucco eseguito dall'Orchestra Filarmonica di New York diretta da Arturo Toscanini, ascoltarlo con loro. E quando mi manca Firenze anzi la mia Toscana, cosa che mi accade con ancor maggior frequenza, non ho che saltare su un aereo e venirci. Di soppiatto, però, come faceva Mazzini ogni volta che lasciava Londra per recarsi a Torino e visitar clandestinamente la Sidoli. A Firenze anzi nella mia Toscana, infatti, ci vivo più di quanto si creda. Spesso, mesi e mesi o un anno di fila. Se non si sa è perché ci vengo alla Mazzini. E se ci vengo alla Mazzini è perché mi ripugna incontrare gli stronzi a causa dei quali mio padre morì in esilio sulla remota collina ed io mi sento costretta a star qui.

Conclusione: l'esilio richiede disciplina e coerenza. Virtù nelle quali sono stata educata da due genitori coi fiocchi: un babbo che aveva la forza d'un Muzio Scevola, una mamma che sembrava la Madre de' Gracchi, e ai cui occhi la severità era un antibiotico contro la cialtroneria. E per disciplina, per coerenza, in questi anni son rimasta zitta come un lupo sdegnoso. Un vecchio lupo che si consuma nel desiderio d'azzannare le pecore, sbranare i conigli, eppure riesce a controllarsi. Ma vi sono momenti, nella Vita, in cui tacere diventa una colpa e parlare diventa un obbligo. Un dovere civile, una sfida morale, un imperativo categorico al quale non ci si può sottrarre. Così, diciotto giorni dopo l'Apocalisse di New York, ruppi il silenzio col lunghissimo articolo che apparve su un giornale italiano poi su alcuni giornali stranieri.

Ed ora interrompo (non rompo: interrompo) l'esilio con questo piccolo libro che raddoppia il testo dell'articolo. È dunque necessario che spieghi perché lo raddoppia, come lo raddoppia, e in quale modo il piccolo libro è nato.

* * *

È nato all'improvviso. È scoppiato come una bomba. Inaspettatamente come la catastrofe che il mattino dell'11 settembre 2001 ha incenerito migliaia di persone e dissolto due degli edifici più belli della nostra epoca: le Torri dello World Trade Center. La vigilia della catastrofe pensavo a ben altro: lavoravo al romanzo che chiamo il-mio-bambino. Un romanzo molto corposo e molto impegnativo che in questi anni non ho mai abbandonato, che al massimo ho lasciato dormire qualche mese per curarmi in ospedale o per condurre negli archivi e nelle biblioteche le ricerche su cui è costruito. Un bambino molto difficile, molto esigente, la cui gravidanza è durata gran parte della mia vita d'adulta, il cui parto è incominciato grazie alla malattia che mi ucciderà, e il cui primo vagito si udrà non so quando. Forse quando sarò morta. (Perché no? Le opere postume hanno lo squisito vantaggio di risparmiarti le scemenze o

le perfidie di coloro che senza saper scrivere e neanche concepire un romanzo pretendono di giudicare anzi bistrattare chi lo concepisce e lo scrive). Quell'11 settembre pensavo al mio bambino, dunque, e superato il trauma mi dissi: «Devo dimenticare ciò che è successo e succede. Devo occuparmi di lui e basta. Sennò lo abortisco». Così, stringendo i denti, sedetti alla scrivania. Ripresi in mano la pagina del giorno prima, cercai di riportare la mente ai miei personaggi. Creature d'un mondo lontano, di un'epoca in cui gli aerei e i grattacieli non esistevan davvero. Ma durò poco. Il puzzo della morte entrava dalle finestre, dalle strade deserte giungeva il suono ossessivo delle ambulanze, il televisore lasciato acceso per l'angoscia e lo smarrimento lampeggiava ripetendo le immagini che volevo dimenticare. E d'un tratto uscii di casa. Cercai un taxi, non lo trovai, a piedi mi diressi verso le Torri che non c'erano più, e...

Dopo non sapevo che fare. In che modo rendermi utile, servire a qualcosa. E proprio mentre mi chiedevo che-faccio, che-faccio, la Tv mi mostrò i palestinesi che pazzi di gioia inneggiavano alla strage. Berciavano Vittoria-Vittoria. Poi qualcuno mi raccontò che in Italia non pochi li imitavano sghignazzando bene-agli-americani-gli-sta-bene e allora, con l'impeto d'un soldato che si lancia contro il nemico, mi buttai sulla macchina da scrivere. Mi misi a fare la sola cosa che potevo fare. Scrivere. Appunti convulsi, spesso disordinati, che prendevo per me stessa cioè rivolgendomi a me stessa. Idee, ragionamenti, ricordi, invettive che dall'America volavano in Italia, dall'Italia saltavano nei paesi mussulmani, dai paesi mussulmani rimbalzavano in America. Concetti che per anni avevo imprigionato dentro il cuore e dentro il cervello dicendomi tanto-la-gente-è-sorda, non-ascolta, non-vuole-ascoltare. Sgorgavano come una cascata d'acqua, ora. Ruzzolavano sulla carta come un irrefrenabile pianto. Perché vedi: con le lacrime io non piango. Anche se un violento dolore fisico mi trafigge, anche se una pena lancinante mi strazia, dai miei sacchi lacrimali non esce nulla. Si tratta d'una disfunzione neurologica, anzi d'una mutilazione fisiologica, che mi porto dietro da oltre mezzo secolo. Cioè dal 25 settembre 1943, il sabato in cui gli Alleati bombardarono per la prima volta Firenze e commisero un mucchio di errori. Anziché centrar l'obbiettivo cioè la ferrovia che i tedeschi usavano per il trasporto delle armi e delle truppe, colpirono il quartiere attiguo e l'antico cimitero di piazza Donatello. Il Cimitero degli Inglesi, quello dove è sepolta Elizabeth Barrett Browning. Io ero col babbo presso la Chiesa della Santissima An-

nunziata che da piazza Donatello dista appena tre-
cento metri, quando le bombe incominciarono a
cadere. Per sfuggirvi ci rifugiammo lì, e chi lo conosceva l'orrore d'un bombardamento? Ad ogni
scarica le solide mura della chiesa oscillavano come
alberi investiti dalla bufera, le vetrate si spaccava-
no, l'impiantito sobbalzava, l'altare dondolava, il
prete urlava: «Gesù! Aiutaci, Gesù!». D'un tratto
presi a piangere. In maniera tacita, bada bene,
composta. Niente gemiti, niente singhiozzi. Ma il
babbo se ne accorse lo stesso e credendo d'aiutarmi, povero babbo, fece una cosa sbagliata. Mi tirò
uno schiaffo tremendo. Dio, che schiaffo. Peggio.
Mi fissò negli occhi, mi sibilò: «Una ragazzina non
piange». Così dal 25 settembre 1943 non piango
più. Ringraziare il Cielo se all'occorrenza mi si inu-
midiscono gli occhi, mi si chiude la gola. Però dentro piango più di chi piange con le lacrime, a volte
le cose che scrivo sono proprio lacrime, e ciò che
scrissi in quei giorni era davvero un irrefrenabile
pianto. Sui vivi, sui morti. Su quelli che sembrano
vivi ma in realtà sono morti come gli italiani che
non hanno le palle per cambiare, diventare un popolo da trattar con rispetto. Ed anche su me stessa
che, giunta all'ultima fase della mia vita, devo spiegare perché in America ci sto in esilio e perché in
Italia ci vengo di soppiatto.
    Poi, piangevo da una settimana, il diret-

tore del giornale venne a New York. Ci venne per convincermi a rompere il silenzio che avevo già rotto, e glielo dissi. Gli mostrai addirittura gli appunti convulsi, disordinati, e lui s'infiammò come se avesse visto Greta Garbo che tolti gli occhiali neri si esibisce alla Scala in licenziosi striptease. O come se avesse visto il pubblico già in fila per comprare il giornale, pardon, per accedere alla platea e ai palchi e al loggione. Infiammato mi chiese di continuare, cucire tutto con gli asterischi, farne una specie di lettera rivolta a lui, mandargliela appena pronta. E pungolata dal dovere civile, dalla sfida morale, dall'imperativo categorico, accettai. Di nuovo trascurando il bambino che privo di latte e di mamma dormiva sotto quegli appunti, tornai alla macchina da scrivere dove l'irrefrenabile pianto si trasformò in un urlo di rabbia e d'orgoglio. Un J'accuse. Una requisitoria agli italiani che gettandomi qualche fiore, forse, e certo molte uova marce, m'avrebbero ascoltato dalla platea e dai palchi e dal loggione di quel giornale. Lavorai un'altra settimana. O due? Senza fermarmi cioè senza mangiare e senza dormire. Non sentivo neanche la fame e il sonno. Mi tenevo su a sigarette, caffè, e basta. E qui devo fare una messa a punto. Devo dire che scrivere è una cosa molto seria per me. Non è un divertimento o uno svago o uno sfogo. Non lo è perché non dimentico mai che le cose scritte possono fare un gran bene ma anche un gran male, guarire oppure uccidere. Studia la Storia e vedrai che dietro ogni evento di Bene o di Male c'è uno scritto. Un libro, un articolo, un manifesto, una poesia, una preghiera, una canzone. (Un Inno di Mameli. Una Marsigliese. Uno Yankee Doodle Dandy. O peggio: una Bibbia, una Torah, un Corano, un Das Kapital). Così non scrivo mai alla svelta, cioè di getto. Sono uno scrittore lento, uno scrittore cauto. Sono anche uno scrittore incontentabile. Non assomiglio davvero a quelli che si compiacciono sempre del loro prodotto, manco urinassero ambrosia. In più ho molte manie. Tengo alla metrica, al ritmo della frase, alla cadenza della pagina, al suono delle parole. E guai alle assonanze, alle rime, alle ripetizioni non volute. La forma mi preme quanto la sostanza. Penso che la forma sia un recipiente dentro il quale la sostanza si adagia come un vino dentro un bicchiere, e gestire questa simbiosi a volte mi blocca. Ora, invece, non mi bloccava per niente. Scrivevo alla svelta, di getto, senza curarmi delle assonanze, delle rime, delle ripetizioni perché la metrica cioè il ritmo fioriva da sé, e come non mai ricordando che le cose scritte possono guarire od uccidere. (Può giungere a tanto la passione?). Il guaio è che quando mi fermai e fui pronta a spedire il testo, m'accorsi che *anziché un articolo avevo partorito un piccolo libro. Per darlo al giornale dovevo tagliarlo, ridurlo a una lunghezza accettabile.*

Lo ridussi quasi a metà. Il rimanente lo chiusi in una cartella rossa, lo misi a dormire con il bambino. Metri e metri di fogli su cui avevo rovesciato il cuore. Quelli sui due Buddha ammazzati a Bamiyan, ad esempio, e quelli sul mio Kondun. Il Dalai Lama. Quelli sulle tre donne giustiziate a Kabul perché andavano dal parrucchiere, e quelli sulle femministe che se ne fregano delle sorelle in burkah e in chador. Quelli su Alī Bhutto costretto a sposarsi meno che tredicenne, e quelli su re Hussein cui racconto in che modo mi hanno trattato i palestinesi. Quelli sui comunisti italiani che per mezzo secolo m'hanno trattato peggio dei palestinesi, e quelli sul Cavaliere che ci governa. Quelli su mio padre e su mia madre, quelli sui molluschi d'oggi cioè sui giovani viziati dal benessere e dalla scuola e dai genitori. Quelli sui voltagabbana di ieri e di oggi e di domani... Accantonai perfino i pezzetti sul pompiere Jimmy Grillo che non cede e su Bobby il bambino newyorkese che crede nella bontà, nel coraggio. E nonostante ciò il testo rimase tremendamente lungo. Il direttore infiammato cercò di aiutarmi. Le due pagine intere che m'aveva riservato diventarono tre poi quattro poi quattro e un quarto. Misura mai raggiunta, credo, per un singolo articolo. Nella speranza che glielo dessi completo, suppongo, mi offrì perfino di pubblicarlo in due puntate. Due tempi. Cosa che rifiutai perché un urlo non si può pubblicare in due tempi. A pubblicarlo in due tempi non avrei ottenuto lo scopo che mi proponevo cioè tentar d'aprire gli occhi a chi non vuol vedere, sturare le orecchie a chi non vuole udire, indurre a pensare chi non vuol pensare. Anzi, prima di darglielo, (lui non lo sa e non lo immagina neanche), tagliai ancora. Accantonai i paragrafi più violenti. Sveltii i passaggi più complicati. Sintetizzai alcuni brani, cancellai molte righe connesse alle parti tolte. Tanto nella cartella rossa custodivo quei metri e metri di fogli intatti: il testo completo, il piccolo libro.

Bè, le pagine che seguono questa premessa sono il piccolo libro. Il testo completo che scrissi nelle due settimane durante le quali non mangiavo, non dormivo, mi tenevo sveglia a caffè e sigarette, e le parole sgorgavano come una cascata d'acqua. Di correzioni ve ne sono poche. (V'è ad esempio quella delle quindicimilaseicentosettanta lire con cui mi congedarono dall'Esercito Italiano e che nel giornale avevo erroneamente indicato con la cifra di quattordicimilacinquecentoquaranta). Di tagli, stavolta, non contiene che qualche frase ormai superflua. Ad esempio quella indirizzata a chi non mi rivolgo più. Sic transit gloria mundi.

* * *

È quello, sì, e a pubblicarlo mi par d'essere Salvemini che il 7 maggio 1933 parla all'Irving Plaza su Hitler e su Mussolini. Sgolandosi dinanzi a un pubblico che non lo capisce ma lo capirà il 7 dicembre 1941 cioè il giorno in cui i giapponesi alleati di Hitler e Mussolini bombarderanno Pearl Harbor, sbraita: «Se restate inerti, se non ci date una mano, prima o poi attaccheranno anche voi!». Però v'è una differenza tra il mio piccolo libro e l'antifascist-meeting dell'Irving Plaza. Di Hitler e Mussolini, allora, gli americani sapevano poco. Potevan permettersi il lusso di non creder troppo a quel fuoriuscito che illuminato dall'amore per la libertà vaticinava disgrazie. Del fondamentalismo islamico oggi sappiamo tutto. Neanche due mesi dopo la catastrofe di New York lo stesso Bin Laden dimostrò che non sbaglio a sbraitare: «Non capite, non volete capire, che è in atto una Crociata alla Rovescia. Una guerra di religione che essi chiamano Jihad, Guerra Santa. Non capite, non volete capire, che per loro l'Occidente è un mondo da conquistare castigare piegare all'Islam». Lo

22

dimostrò durante il proclama televisivo nel quale sfoggiava all'anulare destro una pietra nera come la Pietra Nera che si venera alla Mecca. Il proclama attraverso il quale minacciò perfino l'Onu e definì il Segretario Generale dell'Onu, il buon Kofi Annan, un «criminale». Il proclama con cui incluse gli italiani nella lista dei nemici da castigare. Quel proclama a cui mancava soltanto la voce isterica di Hitler o la voce sgangherata di Mussolini, il balcone di Palazzo Venezia o lo scenario di Alexanderplatz. «Nella sua essenza questa è una guerra di religione e chi lo nega, mente» disse. «Tutti gli arabi e tutti i mussulmani devono schierarsi, se restano neutrali rinnegano l'Islam» disse. «I leader arabi e mussulmani che stanno alle Nazioni Unite e ne accettano la politica si pongono al di fuori dell'Islam, sono Infedeli che non rispettano il messaggio del Profeta» disse. «Coloro che si riferiscono alla legittimità delle istituzioni internazionali rinunciano all'unica e autentica legittimità, la legittimità che viene dal Corano». E poi: «La gran maggioranza dei mussulmani, nel mondo, sono stati contenti degli attacchi alle Torri Gemelle. Risulta dai sondaggi».

C'era proprio bisogno di quei puntini sulle «i», comunque? Dall'Afghanistan al Sudan, dall'Indonesia al Pakistan, dalla Malesia all'Iran, dall'Egitto all'Iraq, dall'Algeria al Senegal, dalla Si-

ria al Kenya, dalla Libia al Ciad, dal Libano al Marocco, dalla Palestina allo Yemen, dall'Arabia Saudita alla Somalia, l'odio per l'Occidente cresce. Si gonfia come un fuoco alimentato dal vento, e i seguaci del fondamentalismo islamico si moltiplicano come i protozoi d'una cellula che si scinde per diventare due cellule poi quattro poi otto poi sedici poi trentadue. All'infinito. Chi non se n'è accorto, guardi le immagini che ogni giorno ci porta la televisione. Le moltitudini che inzuppano le strade di Islamabad, le piazze di Nairobi, le moschee di Teheran. I volti inferociti, i pugni minacciosi, i cartelli col ritratto di Bin Laden. I falò che bruciano la bandiera americana e il fantoccio coi lineamenti di Bush. Chi non ci crede, ascolti i loro osanna al Dio-misericordioso-e-iracondo o i loro berci Allah-akbar, Allah-akbar. Jihad-Guerra Santa-Jihad. Altro che frange di estremisti! Altro che minoranze di fanatici! Sono milioni e milioni, gli estremisti. Sono milioni e milioni, i fanatici. I milioni e milioni per cui, vivo o morto, Usama Bin Laden è una leggenda uguale alla leggenda di Khomeini. I milioni e milioni che scomparso Khomeini ravvisarono in lui il nuovo leader, il nuovo eroe. Sere fa vidi quelli di Nairobi, luogo di cui non si parla mai. Gremivano la piazza più che a Gaza o a Islamabad o a Giakarta, e a un certo punto il telecronista intervistò un vecchio. Gli chiese: «Who is

for you, chi è per voi, Bin Laden?». «A hero, our
hero! Un eroe, il nostro eroe!» *rispose il vecchio,
felice.* «And if he dies, e se muore?» *aggiunse il telecronista.* «We find another one, ne troviamo un
altro» *rispose il vecchio, sempre felice. In parole
diverse, l'uomo che di volta in volta li guida non è
che la punta dell'iceberg: la parte della montagna
che emerge dagli abissi. E il vero protagonista di
questa guerra non è lui. Non è neanche il paese che
via via lo partorisce o lo ospita. È la Montagna.
Quella Montagna che da millequattrocento anni
non si muove, non esce dagli abissi della sua cecità,
non apre le porte alle conquiste compiute dalla civiltà, non vuol saperne di libertà e giustizia e democrazia e progresso. Quella Montagna che nonostante le scandalose ricchezze dei suoi padroni
(pensa all'Arabia Saudita) vive ancora in una miseria da Medioevo, vegeta ancora nell'oscuranti-
smo e nel puritanesimo d'una religione che sa produrre solo religione. Quella Montagna che affoga
nell'analfabetismo, (nei paesi mussulmani la percentuale dell'analfabetismo non scende mai al di
sotto del sessanta per cento), sicché le* «notizie» *le
attinge soltanto dalle vignette dei disegnatori ven-
duti alla dittatura dei mullah e degli imam. Quella Montagna che essendo segretamente gelosa di
noi, segretamente attratta dal nostro sistema di vita, attribuisce a noi la colpa delle sue povertà mate-*

riali e intellettuali. Sbaglia, dunque, chi crede che la Guerra Santa si sia conclusa nel novembre del 2001 cioè con la disgregazione del regime talebano in Afghanistan. Sbaglia chi si consola con le immagini delle donne che a Kabul non portano più il burkah e a volto scoperto escono di casa, vanno di nuovo dal dottore, vanno di nuovo a scuola, vanno di nuovo dal parrucchiere. Sbaglia chi si accontenta di vedere i loro mariti che dopo la disfatta dei Talebani si levano la barba come, dopo la caduta di Mussolini, gli italiani si levavano il distintivo fascista.

Sbaglia perché la barba ricresce e il burkah si rimette: negli ultimi vent'anni l'Afghanistan è stato un alternarsi di barbe rasate e ricresciute, di burkah tolti e rimessi. Sbaglia perché gli attuali vincitori pregano Allah quanto gli attuali sconfitti, dagli attuali sconfitti non si distinguono in fondo che per una questione di barba, (infatti le donne li temono in uguale misura), e quasi ciò non bastasse si litigano ferocemente tra loro alimentando il caos e l'anarchia. Sbaglia perché tra i diciannove kamikaze di New York e di Washington non c'era nemmeno un afgano e i futuri kamikaze hanno altri luoghi per addestrarsi, altre caverne per rifugiarsi. Guarda la carta geografica: a sud dell'Afghanistan c'è il Pakistan, a nord ci sono gli Stati mussulmani dell'ex Unione Sovietica, a ovest c'è l'Iran. Accanto all'Iran c'è l'Iraq, accanto all'Iraq c'è la Siria, accanto alla Siria c'è il Libano ormai mussulmano. Accanto al Libano c'è la mussulmana Giordania, accanto alla Giordania c'è l'ultra-mussulmana Arabia Saudita, e al di là del Mar Rosso c'è il continente africano con tutti i suoi paesi mussulmani. Il suo Egitto e la sua Libia e la sua Somalia, per incominciare. I suoi vecchi e i suoi giovani che applaudono alla Guerra Santa. Sbaglia, soprattutto, perché lo scontro tra noi e loro non è militare. È culturale, è religioso, e le nostre vittorie militari non risolvono l'offensiva del terrorismo. Anzi la incoraggiano, la inaspriscono, la moltiplicano. Il peggio, per noi, deve ancora arrivare: ecco la verità. E la verità non sta necessariamente nel mezzo. A volte sta da una parte sola. Anche Salvemini lo disse in quell'antifascist-meeting dell'Irving Plaza.

*   *   *

Nonostante le similitudini di fondo, v'è un'altra differenza tra questo piccolo libro e l'antifascist-meeting dell'Irving Plaza. Perché gli americani che il 7 maggio 1933 ascoltavano l'incompreso o quasi incompreso Salvemini non avevano in casa le SS di Hitler e le Camicie Nere di Mussoli-

ni. A sviarli dalla verità, a giustificare la loro incredulità, c'era un oceano d'acqua e d'isolazionismo. Le SS e le Camicie Nere dei Bin Laden, invece, gli italiani anzi gli europei ce l'hanno in casa. Protette, di solito, dal cinismo o dall'opportunismo o dalla cretineria di chi ce le presenta come stinchi di santo. Poverini-poverini, guarda-che-pena-fanno-quando-sbarcano-dai-gommoni. Razzista-razzista, tu-che-non-li-puoi-soffrire. Bè: come già sostenevo nell'articolo apparso sul giornale, le moschee che in Italia sbocciano all'ombra d'un dimenticato laicismo e d'un risorto bacchettonismo pullulano fino alla nausea di terroristi o aspiranti terroristi. Non a caso, con l'aiuto di Scotland Yard, dopo la strage di New York qualcuno l'hanno arrestato. Qualche arsenale di armi e di esplosivi da usare a gloria del dio-misericordioso-e-iracondo l'hanno trovato. Con l'aiuto supplementare della polizia francese e spagnola e tedesca, qualche cellula di Al Qaida l'hanno scoperta. Ed ora si sa che dal 1989 l'Fbi parlava d'una Pista Italiana anzi di Italian Militants. Si sa che già allora la moschea di Milano veniva segnalata come un covo di terroristi. Si sa anche che l'algerino-milanese Ahmed Ressan era stato beccato a Seattle con sessanta chili di componenti chimici per fabbricare esplosivi, che altri due «milanesi» chiamati Atmani Saif e Fateh Kamel erano coin-

volti nell'attentato alla metropolitana di Parigi, che da Milano gli stinchi di santo andavano spesso in Canada. (E vedi caso: due dei diciannove dirottatori dell'11 settembre 2001 entrarono negli Stati Uniti proprio dal Canada). Si sa che Milano e Torino sono sempre state centrali di smistamento e reclutamento degli estremisti islamici, compresi quelli afgani e curdi. (Particolare che insaporisce lo scandalo di Ocalan, il superterrorista portato in Italia da un parlamentare comunista e ospitato dal governo ulivista in una villa alla periferia di Roma). Si scopre che gli epicentri del terrorismo islamico internazionale sono sempre stati Milano, Torino, Roma, Napoli, Bologna. Che anche Como, Lodi, Cremona, Reggio Emilia, Modena, Firenze, Perugia, Trieste, Ravenna, Rimini, Trani, Bari, Barletta, Catania, Palermo, Messina hanno sempre avuto covi binladiani. Si parla di Reti Operative, di Basi Logistiche, di Cellule per il Traffico d'Armi, di Struttura Italiana per la Strategia Internazionale Omogenea. Si rivela che i terroristi peggiori sono spesso muniti di passaporto regolarmente rinnovato, carta d'identità, permesso di soggiorno. (Tutta roba che il Ministero degli Interni rilasciava con notevole disinvoltura e generosità...).

Si conoscono anche i loro luoghi d'incontro, ora. E non sono i risorgimentali salotti delle contesse Maffei dove rischiando i plotoni d'esecuzione o la forca i nostri nonni cospiravano per liberar la patria dallo straniero. Sono le macellerie halal cioè le macellerie islamiche di cui i nostri graditi ospiti hanno riempito l'Italia perché la carne loro la mangian solo se l'animale è stato sgozzato quindi dissanguato poi disossato. (Ergo chi come noi la cuoce col sangue e con l'osso è un Infedele da disprezzare, da punire). Però si incontrano anche nelle rosticcerie arabe, nei bar che a disposizione del pubblico tengono l'Internet. E, ovvio, nelle moschee. Quanto agli Imam delle moschee, alleluja! Insuperbiti dalla strage di New York hanno gettato la maschera e la lista è lunga. Contiene il macellaio marocchino che con democratica deferenza i giornalisti chiamano Leader Religioso della Comunità Islamica Torinese, ad esempio. Il pio Squartavitelli che nel 1989 piombò a Torino con un visto turistico, che contribuendo più d'ogni altro a trasformare in kasbah la città di Cavour e di Costanza d'Azeglio vi aprì due delle suddette macellerie nonché cinque moschee, e che alzando il ritratto di Usama Bin Laden oggi dichiara: «La Jihad è una guerra giusta e giustificata. Non lo dico io, lo dice il Corano. Molti fratelli qui vorrebbero partire, unirsi alla lotta». (Signor Ministro degli Interni anzi signor Ministro degli Esteri, perché non lo rimanda a casa sua con quei fratelli ansiosi di unirsi alla lotta?). Include pure l'Imam e presidente della Comunità Islamica di Genova, altra gloriosa città profanata e trasformata in kasbah, nonché i suoi colleghi di Napoli e Roma e Bari e Bologna. Tutti stinchi di santo occupati a inneggiare l'idolo Bin Laden oppure a difenderlo sfacciatamente, e il più sfacciato è quello di Bologna dalla cui mente eccelsa è uscito il seguente verdetto: «Ad abbattere le due Torri è stata la destra americana che sfrutta Bin Laden come paravento. Se non è stata la destra americana, è stato Israele. In ogni caso Bin Laden è innocente. Il pericolo non è lui. È l'America».

Sembra un cretino e basta, vero? Invece no. In difesa della fede il Corano ammette la menzogna, la calunnia, l'ipocrisia. Qualsiasi teologo dell'Islam può confermartelo. E il 10 settembre 2001, quindi ventiquattr'ore prima dell'Apocalisse newyorkese, nella moschea di Bologna fu distribuito un volantino che inneggiando agli attentati annunciava «l'imminenza d'un evento eccezionale». (Volantino che la polizia sequestrò ma che subito archiviò). Non di rado figlioletti o nipotini dei comunisti che negavano o approvavano le stragi di Stalin, i loro protettori sostengono che nella gerarchia islamica l'Imam è un personaggio innocuo e irrilevante. Un travet che si limita a guidare la pre-

31

ghiera del venerdì, un parroco privo di qualsiasi potere. Nossignori. L'Imam è un notabile che dirige e amministra con pieni poteri la sua comunità. Squartavitelli o no, è un alto sacerdote che manipola o influenza a piacer suo le menti e le azioni dei propri fedeli: un agit-prop che durante la predica lancia messaggi politici. Tutte le rivoluzioni (sic) dell'Islam sono incominciate grazie agli Imam nelle moschee. La Rivoluzione (sic) Iraniana incominciò grazie agli Imam nelle moschee, non nelle università come oggi si vuol far credere. Dietro ciascun terrorista islamico c'è un Imam e io vi ricordo che Khomeini era un Imam, che i leader dell'Iran erano Imam. Ve lo ricordo e affermo che nove Imam su dieci sono Guide Spirituali del terrorismo.

Quanto alla Pearl Harbor che stavolta rischia di abbattersi su tutto l'Occidente, ecco: sul fatto che la guerra chimica e la guerra biologica appartengano alla strategia dei nuovi nazi-fascisti, non esistono dubbi. Durante i bombardamenti su Kabul un iroso Bin Laden ce le promise, ed è noto che per quel tipo di stragi Saddam Hussein ha sempre avuto un debole. Malgrado le tonnellate di bombe che nel 1991 gli americani rovesciarono sui laboratori e sulle fabbriche dell'Iraq, egli continua a produrre germi e batteri e bacilli per spargere la peste bubbonica o il vaiolo o la lebbra o il tifo. E non dimentichiamo la rivela-

zione del genero che nel 1998 egli fece assassinare: «Presso Bagdad abbiamo enormi depositi di antrace». Con gli enormi depositi di antrace, immense quantità di gas nervino. Incubo che ben conobbi durante la Guerra del Golfo cioè quando in Arabia Saudita bisognava portarsi dietro la maschera antigas, le fiale d'antidoto, le siringhe per iniettarselo. (Ammesso d'averne il tempo perché il gas nervino paralizza e soffoca in un battito di ciglia). Bè, a tutt'oggi la guerra chimica non s'è vista e quella biologica s'è limitata al carbonchio delle Anthrax Letters che perseguitano l'America. Il Bacillus Anthracis s'è rivelato meno letale di quanto si credesse. Sei morti più il tormento dei poveri postini che non pochi guardano storto, trattano con sgarbo, cacciano brontolando: «Go away, go away! To Hell with you and your fucking mail! Via, via, accidenti a te e alla tua fottuta posta!». Manco fossero untori del 1600, sicari degli assassini. Ma la responsabilità di Saddam Hussein e di Bin Laden non è stata dimostrata. Il guaio è che la Pearl Harbor di cui parlo riguarda anche un'altra minaccia della Guerra Santa: l'attacco che gli americani s'aspettano dacché l'Fbi lo ha segnalato con le tremende parole «It is not a matter of If, it is a matter of When. Non è una questione di Se, è una questione di Quando». Un attacco che temo più dell'antrace,

33

della peste bubbonica, della lebbra, del gas nervi-
no. Un attacco che minaccia l'Europa assai più di
quanto minacci l'America. L'attacco ai monumen-
ti antichi, alle opere d'arte, ai tesori della nostra
Storia e della nostra cultura.

Dicendo when-not-if gli americani pen-
sano ai propri tesori, ovvio. Alla Statua della Li-
bertà, al Jefferson Memorial, all'obelisco di Wa-
shington, alla Liberty Bell cioè alla Campana di
Filadelfia, al Golden Gate di San Francisco, al
ponte di Brooklyn eccetera. Hanno ragione e ci
penso anch'io. Ci penso come penserei al Big Ben
di Londra e all'Abbazia di Westminster se fossi in-
glese, a Notre Dame e al Louvre e alla Tour Eiffel
se fossi francese. Però sono italiana quindi penso
ancor di più alla Cappella Sistina e alla Cupola di
San Pietro e al Colosseo, al Ponte dei Sospiri e a
piazza San Marco e ai palazzi sul Canal Grande,
al Duomo di Milano e al Cenacolo e al Codice
Atlantico di Leonardo da Vinci. Sono toscana
quindi penso ancor di più alla Torre di Pisa e alla
piazza dei Miracoli, al Duomo di Siena e alla piaz-
za del Campo, alle necropoli etrusche e alle torri
di San Gimignano. Sono fiorentina quindi penso
ancor di più a Santa Maria del Fiore, alla Torre di
Giotto, al Battistero, al Palazzo della Signoria, al-
la Loggia dell'Orcagna, agli Uffizi, a Palazzo Pit-
ti, al Corridoio Vasariano e al Ponte Vecchio che

oltretutto è l'unico antico ponte rimasto perché il Ponte a Santa Trinita è ricostruito. Il nonno di Bin Laden ossia Hitler me lo fece saltare in aria nel 1944. Penso anche alle biblioteche coi libri miniati del Medioevo e il Codice Virgiliano. Penso anche alla Galleria dell'Accademia dove c'è il David di Michelangelo. (Scandalosamente nudo, mioddio, cioè particolarmente inviso ai seguaci del Corano). Col David, i quattro Prigioni nonché la Deposizione che Michelangelo scolpì da vecchio. E se i fottuti figli di Allah mi distruggessero uno solo di quei tesori, uno solo, assassina diventerei io. Dunque ascoltatemi bene, seguaci d'un dio che raccomanda l'occhio-per-occhio-e-il-dente-per-dente. Io non ho vent'anni ma nella guerra ci sono nata, nella guerra ci sono cresciuta, di guerra me ne intendo. E di coglioni ne ho più di voi che per trovare il coraggio di morire dovete ammazzare migliaia di creature incluse le bambine di quattro anni. Guerra avete voluto, guerra volete? Per quel che mi riguarda, che guerra sia. Fino all'ultimo fiato.

*　*　*

Dulcis in fundo. Stavolta con un sorriso. E va da sé che, come il ridere, in certi casi il sor-

ridere nasconde ben altro. (Da adulta scoprii che durante le torture inflittegli dai nazi-fascisti mio padre rideva. Così un mattino d'estate, eravamo a caccia nei boschi del Chianti, gli dissi: «Babbo, io devo domandarti una cosa che non mi va giù. È vero che durante le torture ridevi?». Il babbo si oscurò poi sibilò brusco: «E con questo? In certi casi ridere è lo stesso che piangere»). Giorni fa il professor Howard Gotlieb della Boston University, l'università americana che da decenni raccoglie e custodisce il mio lavoro, mi chiamò e mi chiese: «How should we define "The Rage and the Pride", come dobbiamo definire "La Rabbia e l'Orgoglio?"». «I don't know, non lo so» risposi spiegandogli che non si trattava certo d'un romanzo e nemmeno d'un reportage e nemmeno d'un saggio o d'una memoir o d'un pamphlet. Poi ci ripensai. Lo richiamai e gli dissi: «Call it a sermon, lo definisca una predica». (Vocabolo giusto, credo, perché in realtà questo piccolo libro è una predica agli italiani. Doveva essere una lettera sulla guerra che i figli di Allah hanno dichiarato all'Occidente, e mentre scrivevo divenne a poco a poco una predica agli italiani). Stamani il professor Gotlieb mi ha chiamato di nuovo e mi ha chiesto: «How did the Italians take it, come l'hanno presa gli italiani?». «I don't know, non lo so» gli ho risposto «Una predica la si giudica dai risultati, non dagli applausi o dai fischi. E prima di vedere i risultati della mia ci vorrà qualche tempo. Non si può pretendere di svegliare all'improvviso, e solo con un piccolo libro scoppiato in due o tre settimane, un paese che dorme. I don't really know, professor Gotlieb, non lo so proprio...».

In compenso so che quando l'articolo uscì sul giornale, il giornale andò esaurito ed avvennero episodi commoventi. Ad esempio quello del signore che a Roma comprò tutte le copie di un'edicola, trentasei copie, e si mise a distribuirle per strada ai passanti. Oppure quello della signora che a Milano fece dozzine di fotocopie e le distribuì nel medesimo modo. So anche che migliaia di italiani scrissero al direttore per ringraziarmi. (E io ringrazio loro più il signore di Roma e la signora di Milano). So che il centralino telefonico e la posta elettronica del giornale rimasero intasati per moltissime ore e che solo una minoranza di lettori dissentì. Cosa che non risulta dalla scelta dei pareri che il giornale pubblicò con titoli come «E l'Italia si divise nel segno di Oriana». Mah! Se la conta dei voti non è un'opinione, e se il voto di chi è contro di me non vale dieci volte il voto di chi è con me, mi pare proprio ingiusto dire che ho diviso l'Italia in due. E poi l'Italia non ha certo bisogno di me per dividersi in due, caro responsabile di quel titolo. L'Italia è divisa in due almeno dal tempo dei Guelfi e dei Ghibellini. Pensi che nel 1861, quando proclamata l'Unità d'Italia ottocento garibaldini corsero in America per partecipare alla Guerra Civile Americana, perfino loro si divisero in due. Perché non tutti scelsero di combattere a fianco dei nordisti ossia nelle unità di cui ho parlato a proposito del mio esilio: no. Molti scelsero di combattere a fianco dei sudisti e anziché a New York si riunirono a New Orleans. Anziché nelle Garibaldi Guards cioè nel Trentanovesimo Reggimento Fanteria passato in rassegna da Lincoln, si arruolarono nelle Garibaldi Guards dell'Italian Battalion-Louisiana Militia che nel 1862 divenne il Sesto Reggimento Fanteria dell'European Brigade. Anch'essi, nota bene, con una bandiera tricolore appartenuta a Garibaldi e fregiata del motto «Vincere o Morire». Anch'essi, nota bene, per distinguersi con grande eroismo nelle battaglie di First Bull Run, Cross Keys, North Anna, Bristoe Station, Po River, Mine Run, Spotsylvania, Wilderness, Cold Harbor, Strawberry Plain, Petersburg eccetera, su su fino ad Appomattox. E sa che cosa successe nel 1863 cioè nella tremenda battaglia di Gettysburg dove tra nordisti e sudisti morirono in cinquantaquattromila? Successe che alle 3,30 pomeridiane del 2 luglio le trecentosessantacinque Garibaldi Guards del Trentanovesimo Reggimento Fanteria agli or-

dini del generale nordista Hancock si trovaron di fronte alle trecentosessanta Garibaldi Guards del Sesto Reggimento Fanteria agli ordini del generale sudista Early. I primi con l'uniforme blu, i secondi con l'uniforme grigia. Entrambi, col tricolore sventolato in Italia per fare l'Unità d'Italia e fregiato del motto «Vincere o Morire». Gli uni urlando sporco-sudista, gli altri urlando sudicio-nordista, si buttarono in un furibondo corpo a corpo per il possesso della collina chiamata Cemetery Hill e s'ammazzarono fra di loro. Novantacinque morti tra i garibaldini del Trentanovesimo, sessanta tra i garibaldini del Sesto. E l'indomani, nella carica finale che si svolse in mezzo alla vallata, quasi il doppio. Senza aver letto l'articolo della Fallaci, caro mio. Cioè senza che io ne avessi colpa alcuna.

So anche che dalla parte di quelli il cui voto vale (a quanto pare) dieci volte di più, insomma dalla parte di chi si espresse contro di me, un menagramo scrisse o disse: «La Fallaci recita la parte della coraggiosa perché ha un piede nella tomba». (Eh, no, caro mio, no. Io non recito la parte della coraggiosa. Io sono coraggiosa. In pace e in guerra, a destra e a sinistra. Lo sono sempre stata. E sempre pagando un altissimo prezzo incluso il prezzo delle minacce fisiche o morali, delle altrui gelosie, delle altrui carognate. Mi rilegga

e vedrà. Quanto al piede nella tomba, corna e ac-
cidenti a Lei. Non sguazzo nella salute, è vero, ma
i malatucci del mio tipo finiscono spesso col sot-
terrare gli altri. Tenga conto, e vi alludo pure in
questo piccolo libro, che un giorno uscii viva da un
obitorio dentro il quale m'avevano scaraventato
credendomi morta... Se qualche stinco di santo
non mi ammazza prima che lo ammazzi io, vuol
scommettere che vengo ai suoi funerali?). E poi so
che dopo la pubblicazione dell'articolo l'Italia
brutta, l'Italia meschina, l'Italia che ha sempre
venduto sé stessa allo straniero, l'Italia a causa
della quale vivo in esilio, inscenò un gran putife-
rio a favore dei figli di Allah. Sicché il direttore in-
fiammato diventò un direttore impaurito, corse ai
ripari ospitando detrattori della fatica che egli
stesso aveva incoraggiato, e quella che poteva es-
sere una buona occasione per difendere la nostra
cultura divenne una squallida fiera di squallide
vanità. (Ci-sono-anch'io, ci-sono-anch'io). Come
ombre d'un passato che in Italia non muore mai
coloro che definisco Cicale o Cicale di Lusso acce-
sero un bel fuoco per tentar di bruciare l'eretica, e
giù berci. «Al rogo, al rogo! Allah akbar, Allah
akbar!». Giù offese, accuse, condanne, maratone
scrittorie che almeno nella lunghezza cercavano di
imitare la mia. O così mi è stato riferito da coloro
che, poverini, si son presi il disturbo di leggerle.

Io, devo confessarlo, non le ho lette. Né le leggerò. Numero uno, perché me le aspettavo. Aspettandomele sapevo su che cosa i ci-sono-anch'io avrebbero sproloquiato, e non avvertivo alcuna curiosità. Numero due, perché a chiusura dell'articolo avevo avvertito il direttore infiammato che non avrei partecipato a risse o polemiche vane. Numero tre, perché le Cicale sono invariabilmente persone senza idee e senza qualità, frivole sanguisughe che per esibirsi s'attaccano all'ombra di chi sta al sole, e quando friniscono sui giornali sono mortalmente noiose. (Il fratello maggiore di mio padre era Bruno Fallaci. Un grande giornalista. Detestava i giornalisti, al tempo in cui lavoravo per i giornali mi rimproverava sempre di fare il giornalista non lo scrittore, e mi perdonava solo quando facevo il corrispondente di guerra. Ma era un gran giornalista. Era pure un gran direttore, un vero maestro, e nell'elencare le regole del giornalismo tuonava: «Anzitutto, non annoiare chi legge!». Loro, invece, annoiano). Infine perché io conduco una vita molto severa e intellettualmente ricca. Nel mio tipo di vita non c'è posto per i messaggeri di pochezza o di frivolezza, e per tenermene lontana seguo il consiglio del mio celebre concittadino. Il superesiliato Dante Alighieri. «Non ti curar di lor ma guarda e passa». Anzi vado oltre: passando non li guardo nemmeno.

41

Tuttavia ad uno voglio divertirmi a rispondere. Uno di cui ignoro sesso e identità ma che, mi hanno detto, per confutare il mio giudizio sulla cultura islamica m'accusa di non conoscere «Le Mille e una Notte» e di negare agli arabi il merito d'aver definito il concetto di zero. Eh, no, caro Signore o Signora o Mezzo e Mezzo che sia. Io sono appassionata di matematica e il concetto dello zero lo conosco bene. Pensi che nel mio «Insciallah», peraltro un romanzo costruito sulla formula di Boltzmann, (quella che dice Entropia-uguale-alla-Costante-di-Boltzmann-moltiplicata-per-il-logaritmo-naturale-delle-probabilità-di-distruzione), proprio sul concetto dello zero fabbrico la scena in cui il sergente uccide Passepartout. O meglio la fabbrico sul problema più diabolico che a proposito di quel concetto la Normale di Pisa abbia mai appioppato ai propri studenti: «Dite perché Uno è più di Zero». (Così diabolico che bisogna risolverlo per assurdo). Bè, affermando che il concetto dello zero si deve alla cultura araba, Lei può riferirsi solo al matematico arabo Muhammad ibn Musa al-Khwārizmī che verso l'810 d.C. introdusse nei paesi del Mediterraneo la numerazione decimale col ricorso dello zero. Ma sbaglia. Proprio Muhammad ibn Musa al-Khwārizmī, infatti, rivela a chiare note che la numerazione decimale col ricorso dello zero non è farina del suo sacco. Che l'ha attinta dalla cultura indiana ed in particolare dal matematico indiano Brahmagupta, l'autore del trattato di astronomia «Brahma-Sphuta-Siddhanta», il quale aveva definito il preziosissimo zero nel 628 d.C. Secondo alcuni, è vero, Brahmagupta c'era arrivato dopo i Maya. Già due secoli prima, dicono, i Maya indicavano la data di nascita dell'Universo con l'Anno Zero, il primo giorno d'ogni mese lo segnavano con lo zero, e nei calcoli cui mancava un numero riempivano il vuoto con lo zero. D'accordo. Ma per riempire quel vuoto i Maya non usavano neanche il punto che avrebbero usato i greci. Scolpivano o disegnavano un omino con la testa rovesciata all'indietro. Questo omino è fonte di parecchi dubbi, caro Signore o Signora o Mezzo e Mezzo che sia, e a costo di darLe un dispiacere La informo che nella Storia della Matematica novantanove studiosi su cento attribuiscono a Brahmagupta la paternità dello zero.

Quanto a «Le Mille e una Notte», mi chiedo quale calunniatore Le abbia raccontato che io non conosco tale delizia. Sa, quand'ero bambina dormivo nella Stanza dei Libri. Nome che i miei amati e squattrinati genitori davano a un salottino stracolmo di libri comprati faticosamente a rate. Sopra lo scaffale del minuscolo divano da me chiamato il-mio-letto c'era un librone con una da-

ma velata che mi guardava dalla copertina. Una sera lo ghermii e... La mamma non voleva. Appena se ne accorse, me lo tolse di mano. «Vergogna! Questa non è roba da bambini!». Ma poi me lo restituì. «Leggi, leggi. Va bene lo stesso». Così «Le Mille e una Notte» divennero le fiabe della mia fanciullezza e da allora fanno parte del mio patrimonio libresco. Può trovarle nella mia casa di Firenze, nella mia casa di campagna in Toscana, e qui a New York ne ho due edizioni diverse. La seconda, in francese. L'ho comprata l'estate scorsa da Ken Gloss, il mio libraio-antiquario di Boston, insieme a «Les Oeuvres Complètes de Madame De La Fayette» stampate a Parigi nel 1812 e a «Les Oeuvres Complètes de Molière» anch'esse stampate a Parigi nel 1799. Si tratta dell'edizione che Hiard, le libraire-éditeur de la Bibliothèque des Amis des Lettres, fece nel 1832 con la prefazione di Galland. È in sette volumi che tengo come l'oro. Ma, onestamente, non me la sento di paragonare quelle graziose fiabe all'«Iliade» e all'«Odissea» di Omero. Non me la sento di paragonarle ai «Dialoghi» di Platone, all'«Eneide» di Virgilio, alle «Confessioni» di Sant'Agostino, alla «Divina Commedia» di Dante Alighieri, alle tragedie e alle commedie di Shakespeare, e via di questo passo. Non mi sembra serio.

Fine del sorriso, e ultima messa a punto.

*   *   *

Io campo sui miei libri. Sui miei scritti. Campo sui miei Diritti d'Autore e ne vado fiera. Ai miei Diritti d'Autore ci tengo anche se la percentuale che un autore riceve su ogni copia venduta è una percentuale davvero modesta anzi irrisoria. Una cifra che specialmente sui paperback (sulle traduzioni ancora peggio) non basta a comprare mezza matita, anzi un terzo di matita, da un figlio di Allah che vende le matite lungo i marciapiedi e che non ha mai sentito parlare di «Le Mille e una Notte». I miei Diritti d'Autore li voglio. Li ricevo, e del resto senza quelli le matite lungo i marciapiedi dovrei venderle io. Ma non scrivo per soldi. Non ho mai scritto per soldi. Mai! Neanche quando ero giovanissima e avevo acuto bisogno di denaro per aiutare la mia famiglia a tirare avanti nonché per mantenermi all'Università, facoltà di Medicina, che a quel tempo costava parecchio. A diciassette anni fui assunta, come cronista, in un quotidiano di Firenze. E a diciannove o giù di lì fui licenziata in tronco per aver respinto il principio dell'orrenda parola «pennivendolo». Eh, sì. Mi avevano ingiunto di scrivere un pezzo bugiardo su un comizio d'un famoso leader nei riguardi del quale, bada bene, nutrivo profonda antipatia anzi avversione. (Togliatti). Pezzo che, *bada bene, non dovevo firmare. Scandalizzata dissi che le bugie io non le scrivevo, e il direttore (un democristiano grasso e borioso) rispose che i giornalisti erano pennivendoli tenuti a scrivere le cose per cui venivan pagati. «Non si sputa nel piatto in cui si mangia». Replicai che in quel piatto poteva mangiarci lui, che prima di diventare una pennivendola sarei morta di fame, e subito mi licenziò. La laurea in Medicina non la presi anche per questo. Ossia perché mi trovai senza lo stipendio necessario a pagare le tasse dell'università. No, nessuno è mai riuscito a farmi scrivere una riga per soldi. Tutto ciò che ho scritto nella mia vita non ha mai avuto niente a che fare con i soldi. Mi sono sempre resa conto che a scrivere si influenzano i pensieri e le azioni di chi legge più di quanto si influenzino con le bombe o con le baionette, e la responsabilità che deriva da tale consapevolezza non può essere esercitata pensando ai soldi o in cambio di soldi. Ergo, le quattro pagine e un quarto del giornale non le riempii certo pensando ai soldi. La straziante fatica che in quelle settimane distrusse il mio corpo malconcio non me la imposi certo in cambio di soldi. Tantomeno misi il mio bambino cioè il mio impegnativo romanzo a dormire per guadagnare più del poco che guadagno coi miei diritti d'autore. E qui viene il bello.*

*Viene perché, quando il direttore infiam-
mato piombò a New York e mi chiese di rompere il silenzio già rotto, non parlò di soldi. Ed io
gliene fui grata. Giudicai addirittura elegante
che egli non toccasse un simile tasto a proposito
d'un lavoro che oltre a prender l'avvio da migliaia di creature incenerite si proponeva (da parte mia) di sturare le orecchie dei sordi, aprire gli
occhi dei ciechi eccetera. Qualche giorno dopo la
pubblicazione, però, mi fu detto a bruciapelo che
il compenso per la straziante fatica era pronto.
Un compenso-molto-molto-molto-lauto. Così lau-
to (la cifra non la conosco e non la voglio conoscere) che sarebbe stato superfluo rimborsarmi le
forti spese sostenute con le telefonate interconti-
nentali. Bè: sebbene comprendessi che secondo le
leggi dell'economia pagarmi era giusto, (non a caso gli articoli scritti dai miei detrattori per quel
giornale sono stati regolarmente e profumata-
mente pagati), il molto-molto-molto-lauto-com-
penso io lo rifiutai. Tout-court. Meglio: prima di
rifiutarlo provai lo stesso imbarazzo e lo stesso
stupore del giorno in cui, quattordicenne, appre-
si che l'Esercito Italiano intendeva pagarmi il
congedo di soldato semplice perché avevo combattuto i nazi-fascisti nel Corpo Volontari della
Libertà. (L'episodio di cui parlo nel piccolo libro
a proposito dei soldi finalmente accettati per*

comprare le scarpe che né io né le mie sorelline avevamo). Bè... So che il direttore pentito c'è rimasto di sale come la moglie di Lot. Ma sia a lui che a chi legge l'eretica dice: ora le scarpe ce l'ho. E, se non le avessi, preferirei camminare scalza piuttosto che trovarmi in tasca i soldi di quell'articolo. Anche ad accettar mezza lira, mi sarei insudiciata l'anima.

ORIANA FALLACI

New York, Novembre 2001

Mi chiedi di parlare, stavolta. Mi chiedi di rompere almeno stavolta il silenzio che ho scelto, che da anni mi impongo per non mischiarmi alle cicale. E lo faccio. Perché ho saputo che in Italia alcuni gioiscono come l'altra sera alla Tv gioivano i palestinesi di Gaza. «Vittoria! Vittoria!». Uomini, donne, bambini. (Ammesso che chi fa una cosa simile possa essere definito uomo, donna, bambino). Ho saputo che alcune cicale di lusso, politici o cosiddetti politici, intellettuali o cosiddetti intellettuali, nonché altri individui che non meritano la qualifica di cittadini, si comportano sostanzialmente nello stesso modo. Dicono: «Bene. Agli americani gli sta bene». E sono molto, molto, molto arrabbiata. Arrabbiata d'una rabbia fredda, lucida, razionale. Una rabbia che elimina ogni distacco, ogni indulgenza, che mi ordina di rispondergli e anzitutto di sputargli addosso. Io gli sputo addosso. Arrabbiata come me, la poetessa afro-americana Maya Angelou ieri ha ruggito: «Be angry. It's good to be angry. It's healthy. Siate arrabbiati. Fa bene essere arrabbiati. È sano». E se a me faccia bene non lo so. Però so che non farà bene a loro. Intendo dire a chi ammira gli Usama Bin Laden, a chi gli esprime comprensione o simpatia o solidarietà. A rompere il silenzio accendo un detonatore che da troppo tempo ha voglia di scoppiare. Vedrai.

Mi chiedi anche di raccontare come l'ho vissuta io, quest'Apocalisse. Di fornire insomma la mia testimonianza. Incomincerò dunque da quella. Ero a casa, la mia casa è nel centro di Manhattan, e verso le 9 ho avuto la sensazione d'un pericolo che forse non mi avrebbe toccato ma che certo mi riguardava. La sensazione che si prova alla guerra, anzi in combattimento, quando con ogni poro della tua pelle senti la pallottola o il razzo che arriva, e tendi le orecchie e gridi a chi ti sta accanto: «Down! Get down! Giù! Buttati giù». L'ho respinta. Non ero mica in Vietnam, non ero mica in una delle tante e fottutissime guerre che sin dalla Seconda Guerra Mondiale hanno seviziato la mia vita! Ero a New York, perbacco, in un meraviglioso mattino di settembre. L'11 settembre 2001. Ma la sensazione ha continuato a possedermi, inspiegabile, e allora ho fatto ciò che al mattino non faccio mai. Ho acceso la Tv. Bè, l'audio non funzionava. Lo schermo, sì. E su ogni canale, qui di canali ve ne sono circa cento, vedevi una torre dello World Trade Center che dagli ottantesimi piani in su bruciava come un gigantesco fiammifero. Un corto circuito? Un piccolo aereo sbadato? Oppure un atto di terrorismo mirato? Quasi paralizzata son rimasta a fissarla e, mentre la fissavo, mentre mi ponevo quelle tre domande, sullo schermo è apparso un aereo. Bianco, grosso. Un aereo di linea. Volava bassissimo. Volando bassissimo si dirigeva verso la seconda Torre come un bombardiere che punta sull'obbiettivo, si getta sull'obbiettivo. Sicché ho capito. Voglio dire, ho capito che si trattava d'un aereo kamikaze e che per la prima Torre era successo lo stesso. E, mentre lo capivo, l'audio è tornato. Ha trasmesso un coro di urla selvagge. Ripetute, selvagge. «God! Oh, God! Oh, God, God, God! Gooooooood! Dio! Oddio! Oddio! Dio, Dio, Dioooooooo!». E l'aereo bianco s'è infilato nella seconda Torre come un coltello che si infila dentro un panetto di burro.

Erano le 9 e zero tre minuti, ora. E non chiedermi che cosa ho provato in quel momento e dopo. Non lo so, non lo ricordo. Ero un pezzo di ghiaccio. Anche il mio cervello era ghiaccio. Non ricordo neppure se certe cose le ho viste sulla prima Torre o sulla seconda. La gente che per non morire bruciata viva si buttava dalle finestre degli ottantesimi o novantesimi o centesimi piani, ad esempio. Rompevano i vetri delle finestre, le scavalcavano, si buttavano giù come ci si butta da un aereo avendo addosso il paracadute. A dozzine. Sì, a dozzine. E venivano giù così lentamente. Così lentamente... Agitando le gambe e le braccia, nuotando nell'aria. Sì, sembravano nuotare nell'aria. E non arrivavano mai. Verso i trentesimi piani, però, acceleravano. Si mettevano a gesticolar disperati, suppongo pentiti, quasi gridassero help-aiuto-help. E magari lo gridavano davvero. Infine cadevano a sasso e paf! Santiddio, io credevo d'aver visto tutto alle guerre. Dalle guerre mi ritenevo vaccinata, e in sostanza lo sono. Niente mi sorprende più. Neanche quando mi arrabbio, neanche quando mi sdegno. Però alle guerre io ho sempre visto la gente che muore ammazzata. Non l'ho mai vista la gente che muore ammazzandosi, buttandosi senza paracadute dalle finestre d'un ottantesimo o novantesimo o centesimo piano. Hanno continuato a buttarsi finché, una verso le dieci, una verso le dieci e mezzo, le Torri sono crollate e... Sai, con la gente che muore ammazzata, alle guerre io ho sempre visto roba che scoppia. Che crolla perché scoppia, perché esplode a ventaglio. Le due Torri, invece, non sono crollate per questo. La prima è crollata perché è implosa, ha inghiottito sé stessa. La seconda perché s'è fusa, s'è sciolta proprio come se fosse stata un panetto di burro. E tutto è avvenuto, o m'è parso, in un silenzio di tomba. Possibile? C'era davvero, quel silenzio, o era dentro di me?

Forse era dentro di me. Chiusa dentro quel silenzio ho infatti ascoltato la notizia del terzo aereo buttatosi sul Pentagono, e quella del quarto caduto sopra un bosco della Pennsylvania. Chiusa dentro quel silenzio mi son messa a calcolare il numero dei morti e mi son sentita mancare il respiro. Perché nella battaglia più sanguinosa alla quale abbia assistito in Vietnam, una delle battaglie avvenute a Dak To, di morti ce ne furono quattrocento. Nella strage di Mexico City, quella dove anch'io mi beccai un bel po' di pallottole, almeno ottocento. E quando credendomi morta con loro mi scaraventarono nell'obitorio, mi lasciarono lì tra i cadaveri, quelli che presto mi ritrovai addosso mi sembrarono ancora di più. Nelle Torri lavoravano ben cinquantamila persone, capisci, e molte non hanno fatto in tempo ad evacuare. Una prima stima parla di settemila *missing*. Però v'è una differenza tra la parola *missing* cioè disperso, e la parola *dead* cioè morto. In Vietnam si distingueva sempre tra i *missing-in-action* cioè i dispersi e i *killed-in-action* cioè i morti... Mah! Io sono convinta che il vero numero dei morti non ce lo diranno mai. Per non sottolineare l'intensità di questa Apocalisse, per non incoraggiare altre Apocalissi. E poi le due voragini che hanno assorbito le migliaia e migliaia di creature sono troppo profonde, troppo tappate da detriti. Al massimo gli operai dissotterrano pezzettini di membra sparse. Un naso qui, un dito là. Oppure una specie di melma che sembra caffè macinato e che invece è materia organica. Il residuo dei corpi che in un lampo si disintegrarono, si incenerirono. Ieri il sindaco Giuliani ha mandato altri diecimila sacchi per metterci i cadaveri. Ma sono rimasti inutilizzati.

* * *

Che cosa penso dell'invulnerabilità che tanti attribuivano all'America, che cosa sento per i kamikaze che ora ci affliggono? Per i kamikaze, nessun rispetto. Nessuna pietà. No, neanche pietà. Io che in ogni caso finisco sempre col cedere alla pietà. A me i kamikaze cioè i tipi che si suicidano per ammazzare gli altri sono sempre stati antipatici, incominciando da quelli giapponesi della Seconda Guerra Mondiale. Non li ho mai considerati Pietri Micca che per bloccar l'arrivo delle truppe nemiche danno fuoco alle polveri e saltano in aria con la cittadella di Torino.

Non li ho mai considerati soldati. E tantomeno li considero martiri o eroi, come berciando e sputando saliva il signor Arafat me li definì nel 1972 ossia quando lo intervistai ad Amman. (Luogo dove i suoi marescialli addestravano anche i terroristi della Baader-Meinhof). Li considero vanesi e basta. Esibizionisti che invece di cercar la gloria attraverso il cinema o la politica o lo sport la cercano nella morte propria ed altrui. Una morte che invece del Premio Oscar o della poltrona ministeriale o dello scudetto gli procurerà (credono) ammirazione. E, nel caso di quelli che pregano Allah, un posto nel Djanna. L'aldilà di cui parla il Corano, il Paradiso dove gli eroi si scopano le vergini Urì. Scommetto che sono vanesi anche fisicamente. Ho sotto gli occhi la fotografia dei due kamikaze di cui parlo nel mio *Insciallah*, il romanzo che incomincia con la distruzione della base americana e della base francese (circa quattrocento morti) a Beirut. Se l'erano fatta scattare prima d'andar a morire. Prima di farsela scattare erano stati dal barbiere e guarda che bel taglio di capelli. Che bei baffi impomatati, che bella barbetta leccata, che belle basette civettuole... Quanto a quelli che si sono buttati sulle due Torri e sul Pentagono, li trovo particolarmente odiosi. S'è scoperto infatti che il loro capo, Muhammed Attah, ha lasciato due testamenti. Uno che dice: «Ai miei funerali non voglio esseri impuri, ossia animali e donne». Un altro che dice: «Neanche intorno alla mia tomba voglio esseri impuri. In particolare i più impuri: le donne incinte». E mi consola tanto pensare che non avrà mai né funerali né tombe, che neanche di lui è rimasto un capello.

Eh! Chissà come friggerebbe il signor Arafat ad ascoltarmi. Sai, il signor Arafat non mi ha mai perdonato le roventi differenze di opinione che avemmo durante l'incontro di Amman, ed io non gli ho mai perdonato nulla incluso il fatto che un giornalista italiano imprudentemente presentatosi a lui come mio-amico sia stato accolto con una rivoltella puntata contro il cuore. Ergo tra noi due non corre buon sangue, e non ci parliamo più. Però se lo incontrassi di nuovo, o meglio se gli concedessi udienza, glielo direi sul muso chi sono i martiri e gli eroi. Gli direi: illustre Signor Arafat, lo sa chi sono i martiri? Sono i passeggeri dei quattro aerei dirottati e trasformati in bombe umane e fra di loro la bambina di quattro anni che si è disintegrata dentro la seconda Torre. Sono gli impiegati che lavoravano nelle due Torri e al Pentagono. Sono i quattrocentodiciannove tra pompieri e poliziotti, trecentoquaranta-tré pompieri e settantasei poliziotti, morti per tentar di salvarli. (La metà o quasi, col cognome italiano cioè oriundi italiani. Tra questi, un padre col figlio: Joseph Angelini senior e Joseph Angelini junior). E lo sa chi sono gli eroi? Sono i passeggeri del volo che doveva buttarsi sulla Casa Bianca e che invece si è schiantato in un bosco della Pennsylvania perché tutti a bordo si sono ribellati! Nel loro caso sì che ci vorrebbe il Paradiso, caro il mio Arafat. Il guaio è che ora Lei fa il Capo di Stato ad perpetuum, fa il monarca. Rende visita al Papa, frequenta la Casa Bianca, rinnega il terrorismo, razza di bugiardo, in più manda le condoglianze a Bush. E nella sua camaleontica abilità di smentirsi sarebbe capace di rispondere che ho ragione. Ma cambiamo discorso. Preferisco parlare dell'invulnerabilità che tanti, in Europa, attribuivano all'America.

Invulnerabilità? Ma come invulnerabilità?!? Più una società è democratica e aperta, più è esposta al terrorismo. Più un paese è libero, non governato da un regime poliziesco, più subisce o rischia i dirottamenti o i massacri che sono avvenuti per tanti anni in Italia, in Germania, in altre regioni d'Europa. E che ora avvengono, ingiganditi, in America. Non per nulla i paesi non democratici, governati da un regime poliziesco, hanno sempre ospitato e finanziato e aiutato in ogni senso i terroristi. L'Unione Sovietica e i paesi satelliti dell'Unione Sovietica e la Cina Popolare, ad esempio. La Libia, l'Iraq, l'Iran, la Siria, il

Libano arafattiano. Lo stesso Egitto dove i terroristi islamici la fanno da padroni e dove Sadat venne ucciso proprio da loro. La stessa Arabia Saudita di cui Usama Bin Laden è suddito sia pure rinnegato. (Ma sull'Arabia Saudita c'è da dire molto di più, ahimè). Lo stesso Pakistan, ovviamente l'Afghanistan, e tutte le regioni mussulmane dell'Africa... Negli aeroporti e sugli aerei di quei paesi io mi sono sempre sentita sicura, serena come un neonato che dorme. L'unica cosa che temevo, lì, era essere arrestata perché scrivevo male dei terroristi. Negli aeroporti e sugli aerei europei, invece, mi sono sempre sentita nervosa. Negli aeroporti e sugli aerei americani, due volte nervosa. E a New York, tre volte. (A Washington, no. Devo ammettere che l'aereo sul Pentagono non me lo aspettavo davvero). Perché credi che martedì mattina il mio subconscio abbia avvertito quell'angoscia, quella sensazione di pericolo? Perché credi che contrariamente alle mie abitudini abbia acceso il televisore? Perché credi che fra le tre domande che mi ponevo mentre la prima Torre bruciava e l'audio non funzionava, ci fosse quella sull'attentato? E perché credi che appena apparso il secondo aereo abbia capito? Essendo l'America il paese più forte del mondo, il più ricco, il più potente, il più capitalista, ci sono cascati quasi tutti nel tranello dell'invulnerabilità. Gli americani stessi. Ma la vulnerabilità dell'America nasce proprio dalla sua forza, dalla sua ricchezza, dalla sua potenza, dalla sua modernità. La solita storia del cane che si mangia la coda.

Nasce anche dalla sua essenza multietnica, dalla sua liberalità, dal suo rispetto per i cittadini e per gli ospiti. Esempio: circa ventiquattro milioni di americani sono arabo-mussulmani. E quando un Mustafà o un Muhammed viene diciamo dall'Afghanistan per visitare lo zio, nessuno gli proibisce di frequentare (solo centosessanta dollari a lezione) una scuola di pilotaggio per imparare a guidare un 757. Nessuno gli proibisce d'iscriversi a un'università per studiare chimica e biologia: le due scienze necessarie a scatenare una guerra batteriologica. Nessuno. Neppure se il governo teme che quel figlio di Allah dirotti il 757 oppure scateni una strage coi batteri. E detto ciò torniamo al ragionamento iniziale. Quali sono i simboli della forza, della ricchezza, della potenza, del capitalismo americano? Non certo il jazz e il rock-and-roll, il chewing-gum e l'hamburger, Broadway ed Hollywood, direi. Sono i suoi grattacieli, il suo Pentagono, la sua scienza, la sua tecnologia. Quei grattacieli impressionanti. Così alti, così belli, che ad alzar gli occhi quasi dimentichi le Piramidi e i divini palazzi del nostro passato. Quegli aerei giganteschi, esagerati, che ormai sostituiscono i camion e le ferrovie perché tutto qui si muove con gli aerei. La posta, il pesce fresco, le case prefabbricate, i carri armati, la frutta appena colta, noi stessi. (E non dimenticare che la guerra aerea l'hanno inventata loro. O almeno sviluppata fino all'isteria). Quel Pentagono terrificante. Quella fortezza che fa paura solo a guardarla. Quella scienza onnipresente, onnipossente, ineguagliabile. Quella tecnologia raggelante che in pochissimi anni ha stravolto la nostra esistenza quotidiana, la nostra millenaria maniera di comunicare e mangiare e vivere. E dove li ha colpiti, Usama Bin Laden? Sui grattacieli, sul Pentagono. Come? Con gli aerei, con la scienza, con la tecnologia. By the way: sai cosa mi impressiona di più in questo sinistro ultramiliardario, questo ex play-boy che anziché corteggiare le principesse bionde e folleggiare nei night-club (come faceva a Beirut e negli Emirati quando aveva vent'anni) si diverte ad ammazzare la gente in nome di Allah? Il fatto che il suo sterminato patrimonio derivi anche dai guadagni d'una Corporation specializzata nel demolire, e che egli stesso sia un esperto demolitore. La demolizione è una specialità americana. Infatti, se potessi intervistarlo, una delle mie domande riguarderebbe proprio questa faccenda. Un'altra riguarderebbe il suo ultra-poligamo padre che tra maschi e femmine ha messo al mondo cinquantaquattro figlioli e che di lui (il diciassettesimo) dice: è-sempre-stato-tanto-buono. Il-più-dolce, il-più-buono. Un'altra ancora, le sue esimie sorelle che a Londra e sulla Costa Azzurra si fanno fotografare a volto e capo scoperto nonché coi cicciuti seni e le immense natiche ben in vista grazie alle magliette e i pantaloni eccessivamente aderenti. Un'altra ancora, le sue infinite mogli e concubine. Infine, i rapporti che ancora oggi ha nel suo paese cioè nell'Arabia Saudita. Quell'Arabia Saudita retta da quella famigliaccia di feudatari medioevali, da quella cassaforte del Medio Oriente da cui dipendiamo per il fottuto petrolio. Gli chiederei: «Sor Bin Laden, quanti soldi Le vengono non da Suo padre e dal Suo patrimonio personale bensì dai suoi compaesani?». Ma forse, più che porgli domande, dovrei informarlo che New York non l'ha messa in ginocchio. E per informarlo che non l'ha messa in ginocchio dovrei raccontargli quel che ha detto Bobby. Un bambino newyorkese (otto anni) che un telecronista ha intervistato oggi per caso. Ecco qua. Parola per parola.

«My mom always used to say: "Bobby, if you get lost on the way home, have no fear. Look at the Towers and remember that we live ten blocks away on the Hudson River". Well, now the Towers are gone. Evil people wiped them out with those who were inside. So, for a week I asked myself: Bobby, how do you get home if you get lost now? Yes, I thought a lot about this, but then I said to myself: Bobby, in this world there are good people too. If you get lost now, some good person will help you instead of the Towers. The important thing is to have no fear». Traduco: «La mia mamma diceva sempre: "Bobby, se ti perdi quando torni a casa non avere paura. Guarda le Torri e rammenta che noi viviamo a dieci blocchi lungo lo Hudson River". Bè, ora le Torri non ci sono più. Gente cattiva le ha spazzate via con chi ci stava dentro. Così per una settimana mi son chiesto: Bobby, se ti perdi ora, come fai a tornare a casa? Ci ho pensato parecchio, sì. Ma poi mi son detto: Bobby, a questo mondo c'è anche gente buona. Se ti perdi ora, qualche persona buona ti aiuterà al posto delle Torri. L'importante è non avere paura».

Ma su questa faccenda ho da aggiungere qualcosa.

* * *

Quando ci siamo incontrati t'ho visto quasi stupefatto dall'eroica efficienza e dall'ammirevole unità con cui gli americani hanno affrontato quest'Apocalisse. Eh, sì. Nonostante i difetti che le vengono continuamente rinfacciati, che io stessa le rinfaccio, (ma quelli dell'Europa e in particolare dell'Italia sono ancora più gravi), l'America è un paese che ha grosse cose da insegnarci. E a proposito dell'eroica efficienza lasciami cantare un peana per il sindaco di New York. Quel Rudolph Giuliani che noi italiani dovremmo ringraziare in ginocchio perché ha un cognome italiano, è un oriundo italiano, e ci fa fare bella figura all'estero cioè dinanzi al mondo intero. Sì, è un grande anzi grandissimo sindaco, Rudolph Giuliani. Te lo dice una che non è mai contenta di nulla e di nessuno incominciando da sé stessa. Un sindaco degno d'un altro grandissimo sindaco col cognome italiano, Fiorello La Guardia, e molti dei nostri sindaci dovrebbero andare a scuola da lui. Presentarsi a lui col capo chino, anzi con la cenere sul capo, e chiedergli: «Sor Giuliani, per cortesia ci dice come si fa?». Lui non delega i suoi doveri al prossimo, no. Non perde tempo nelle bischerate e nelle avidità. Non si divide tra l'incarico di sindaco e quello di ministro o deputato. (C'è nessuno che mi ascolta nelle tre città di Stendhal, insomma a Napoli e a Firenze e a Roma?). Essendo corso subito e subito entrato nel secondo grattacielo, ha rischiato di trasformarsi in cenere con gli altri. S'è salvato per un pelo e per caso. E nel giro di quattro giorni ha rimesso in piedi New York. Una città che ha nove milioni e mezzo di abitanti, bada bene, e quasi due nella sola Manhattan. Come abbia fatto, non lo so. È malato come me, pover'uomo. Il cancro che torna e ritorna ha beccato anche lui. E, come me, fa finta d'essere sano. Lavora lo stesso. Ma io lavoro a tavolino, perbacco, stando seduta! Lui, invece... Sembrava un generale che partecipa di persona alla battaglia, un soldato che si lancia all'attacco con la baionetta. «Forza, gente, forzaaa! Tiriamoci su le maniche, sveltiii!». E ieri ci ha detto: «The first of the Human Rights is Freedom from Fear. Do not have fear. Il Primo dei Diritti Umani è la Libertà dalla Paura. Non abbiate paura». Ma può comportarsi così perché quelli intorno a lui sono come lui. Tipi senza boria, senza pigrizia, e con le palle. Uno è l'unico pompiere sopravvissuto al crollo della seconda Torre anzi estratto vivo dalle macerie. Si chiama Jimmy Grillo, ha ventott'anni, i capelli biondi come grano maturo, le pupille azzurre come il mare pulito. Stamani l'ho visto in Tv, e sembrava un Ecce Homo. Ferite, bruciature, tagli, cerotti. Gli hanno chiesto se cambierà lavoro. Ha risposto: «I am a fireman, and all my life I shall be a fireman. Always here, always in New York. To protect my city and my people and my friends. Io sono un pompiere, e per tutta la mia vita sarò un pompiere. Sempre qui, sempre a New York. Per proteggere la mia città, la mia gente, i miei amici».

Quanto all'ammirevole capacità di unirsi, alla compattezza quasi marziale con cui gli americani rispondono alle disgrazie e al nemico, bè: devo ammettere che lì per lì ha stupito anche me. Sapevo, sì, che quella compattezza era esplosa al tempo di Pearl Harbor. Cioè quando il popolo s'era stretto intorno a Roosevelt e Roosevelt era entrato in guerra contro la Germania di Hitler, l'Italia di Mussolini, il Giappone di Hirohito. L'avevo annusata, sì, dopo l'assassinio di Kennedy. Ma a questo era seguita la guerra in Vietnam, la lacerante divisione causata dalla guerra in Vietnam, e in un certo senso ciò mi aveva ricordato la loro Guerra Civile d'un secolo e mezzo fa. Così, quando ho visto bianchi e neri piangere abbracciati, dico abbracciati, quando ho visto democratici e repubblicani cantare abbracciati dico abbracciati «God bless America, Dio benedica l'America», quando gli ho visto cancellare tutte le divergenze, sono rimasta di stucco. Lo stesso, quando ho udito Bill Clinton (persona verso la quale non ho mai nutrito tenerezze) dichiarare «Stringiamoci intorno a Bush, abbiate fiducia nel nostro presidente». Lo stesso, quando le medesime parole sono state ripetute con forza da sua moglie Hillary ora senatore per lo Stato di New

York. Lo stesso, quando sono state reiterate da Lieberman, l'ex candidato democratico alla vice-presidenza. (Soltanto lo sconfitto Al Gore è rimasto squallidamente zitto). Lo stesso, quando il Congresso ha votato all'unanimità d'accettare la guerra, punire i responsabili. Lo stesso, quando ho scoperto che il motto degli americani è un motto latino che dice: «Ex pluribus unum, da tutti uno». Insomma, Tutti per Uno. Anzi, quando ho saputo che i bambini lo imparano a scuola e lo recitano come da noi si recita il Pater Noster, mi sono addirittura commossa. Ah, se l'Italia imparasse questa lezione! È un Paese così diviso, l'Italia. Così fazioso, così avvelenato dalle sue meschinerie tribali! Si odiano anche all'interno dei partiti, in Italia. Non riescono a stare insieme nemmeno quando hanno lo stesso emblema, lo stesso distintivo. Gelosi, biliosi, vanitosi, piccini, non pensano che ai propri interessi personali. Non si preoccupano che per la propria carrieruccia, la propria gloriuccia, la propria popolarità di periferia e da periferia. Pei propri interessi personali si fanno i dispetti, si tradiscono. Si accusano, si sputtanano... Io sono assolutamente sicura che se Usama Bin Laden facesse saltare in aria la Torre di Giotto o la Torre di Pisa, l'opposizione darebbe la colpa al governo e il governo darebbe la colpa all'opposizione. I capoccia del governo e i capoccia dell'opposizione, ai propri compagni o ai propri camerati. E detto ciò lasciami spiegare da che cosa nasce la capacità di unirsi, rispondere uniti alle disgrazie e al nemico, che caratterizza gli americani.

Nasce dal loro patriottismo. Io non so se in Italia avete visto e capito quel che è successo a New York quando Bush è andato a ringraziar gli operai (e le operaie) che scavando nelle macerie e in quella specie di caffè macinato cercano di salvare qualche superstite ma non tiran fuori che qualche naso o qualche dito. Senza cedere, tuttavia, senza rassegnarsi. Sicché se gli domandi come fanno ti rispondono: «I can allow myself to be exhausted, not to be defeated. Posso permettermi d'essere esausto, non d'essere sconfitto». Tutti lo dicono, tutti. Bianchi, neri, gialli, marroni, viola... L'avete visti o no? Mentre Bush li ringraziava non facevano che sventolare le bandierine americane, alzare il pugno chiuso, tuonare: «Iuessè! Iuessè! Iuessè! Usa! Usa! Usa!». In un paese totalitario avrei pensato: «Ma guarda come l'ha organizzata bene il Potere!». In America, no. In America queste cose non le organizzi. Non le gestisci, non le comandi. Specialmente in una metropoli disincantata come New York, e con operai come gli operai di New York. Sono tipacci, gli operai di New York. Scontrosi, anarcoidi, più liberi del vento. Quelli, ti assicuro, non obbediscono neanche ai loro sindacati. Ma se gli tocchi la bandiera, se gli tocchi la Patria... In inglese la parola Patria non c'è. Per dire Patria bisogna accoppiare due parole. Father Land, Terra dei Padri; Mother Land, Terra Madre; Native Land, Terra Nativa. O dire semplicemente My Country, il Mio Paese. Però il sostantivo *Patriotism* c'è. L'aggettivo *Patriotic* c'è. E a parte la Francia, forse, non so immaginare un Paese più patriottico dell'America. Ah! Io ho provato una specie di umiliazione a vedere quegli operai che stringendo il pugno e sventolando la bandierina ruggivano Iuessè-Iuessè-Iuessè, senza che nessuno glielo ordinasse. Perché gli operai italiani che sventolano il tricolore e tuonano Italia-Italia non li so immaginare. Nei cortei e nei comizi gli ho visto sventolare tante bandiere rosse, agli operai italiani. Fiumi, laghi, di bandiere rosse. Ma di bandiere tricolori gliene ho sempre viste sventolar pochine. Anzi nessuna. Mal guidati o tiranneggiati da una sinistra devota all'Unione Sovietica, le bandiere tricolori le hanno sempre lasciate agli avversari. E non è che gli avversari ne abbiano fatto buon uso, direi. Non ne hanno fatto nemmeno spreco, graziaddio. E quelli che vanno alla Messa, idem. Quanto al becero con la camicia verde e la cravatta verde, non sa nemmeno quali siano i colori del tricolore. Mi-sun-lumbard, mi-sun-lumbard. Quello vorrebbe riportarci alle guerre tra Firenze e Siena. Risultato, oggi la bandiera italiana la vedi soltanto alle Olimpiadi se per caso vinci una medaglia, o meglio negli stadi quando c'è una partita internazionale di calcio. Unica occasione, peraltro, in cui riesci a udire il grido Italia-Italia.

Eh, sì: c'è una bella differenza tra un paese nel quale la bandiera della Patria viene sventolata soltanto dai teppisti degli stadi o dai vincitori di una medaglia, e un paese nel quale viene sventolata dal popolo intero. Ad esempio, dagli irreggimentabili operai che scavano nel caffè macinato per tirar fuori qualche orecchio o qualche naso delle creature massacrate dai figli di Allah.

* * *

Il fatto è che l'America è un paese speciale, caro mio. Un paese da invidiare, di cui esser gelosi, per cose che non hanno nulla a che fare con la ricchezza eccetera. E sai perché? Perché è nata da un bisogno dell'anima, il bisogno d'avere una patria, e dall'idea più sublime che l'Uomo abbia mai concepito: l'idea della Libertà anzi della libertà sposata all'idea di uguaglianza. Lo è anche perché, quando ciò accadde, l'idea di libertà non era di moda. L'idea di uguaglianza, nemmeno. Non ne parlavano che certi filosofi detti Illuministi, di queste cose. Non li trovavi che in un costoso librone a puntate detto l'*Encyclopédie*, questi concetti. E a parte gli scrittori o gli altri intellettuali, a parte i prìncipi e i signori che avevano i soldi per comprare il librone o i libri che avevano ispirato il librone, chi ne sapeva nulla dell'Illuminismo? Non era mica roba da mangiare, l'Illuminismo! Non ne parlavan neppure i rivoluzionari francesi, visto che la Rivoluzione Francese sarebbe incominciata nel 1789 ossia quindici anni dopo la Rivoluzione Americana che scoppiò nel 1776 ma sbocciò nel 1774. (Dettaglio che gli antiamericani del bene-agli-americani-gli-sta-bene ignorano o fingono di ignorare). È un paese speciale, un paese da invidiare, inoltre, perché quell'idea venne capita da contadini spesso analfabeti o comunque ineducati: i contadini delle tredici colonie americane. E perché venne materializzata da un piccolo gruppo di leader straordinari, da uomini di grande cultura e di grande qualità. The Founding Fathers, i Padri Fondatori. Ma hai idea di chi fossero i Padri Fondatori, i Benjamin Franklin e i Thomas Jefferson e i Thomas Paine e i John Adams e i George Washington eccetera?!? Altro che gli avvocaticchi (come giustamente li chiamava Vittorio Alfieri) della Rivoluzione Francese! Altro che i cupi e isterici boia del Terrore, i Marat e i Danton e i Saint-Just e i Robespierre! Erano tipi, i Padri Fondatori, che il greco e il latino lo conoscevano come gli insegnanti italiani di greco e di latino (ammesso che ne esistano ancora) non lo conosceranno mai. Tipi che in greco s'eran letti Aristotele e Platone, che in latino s'eran letti Seneca e Cicerone, e che i principii della democrazia greca se l'eran studiati come nemmeno i marxisti del mio tempo studiavano la teoria del plusvalore. (Ammesso che la studiassero davvero). Jefferson conosceva anche l'italiano. Lui diceva «toscano». In italiano parlava e leggeva con gran speditezza. Infatti con le duemila piantine di vite e le mille piantine di olivo e la carta da musica che in Virginia scarseggiava, nel 1774 il medico fiorentino Filippo Mazzei gli aveva portato varie copie d'un libro scritto da un certo Cesare Beccaria e intitolato *Dei Delitti e delle Pene*. Quanto all'autodidatta Franklin, era un genio. Scienziato, stampatore, editore, scrittore, giornalista, politico, inventore. Nel 1752 aveva scoperto la natura elettrica del fulmine e aveva inventato il parafulmine. Scusa se è poco. E fu con questi leader straordinari, questi uomini di grande cultura e di grande qualità, che nel 1776 anzi nel 1774 i contadini spesso analfabeti e comunque ineducati si ribellarono all'Inghilterra.

Fecero la guerra d'Indipendenza, la Rivoluzione Americana.

La fecero, nonostante i fucili e la polvere da sparo, nonostante i morti che ogni guerra costa, senza i fiumi di sangue della futura Rivoluzione Francese. La fecero senza la ghigliottina, insomma, senza i massacri della Vandea e di Lione e di Tolone e di Bordeaux. La fecero con un foglio che insieme al bisogno dell'anima, il bisogno d'avere una patria, concretizzava la sublime idea della libertà anzi della libertà sposata all'uguaglianza. La Dichiarazione d'Indipendenza. «We hold these Truths to be self-evident... Noi riteniamo evidenti queste verità. Che tutti gli Uomini sono creati uguali. Che sono dotati dal Creatore di certi inalienabili Diritti. Che tra questi Diritti v'è il diritto alla Vita, alla Libertà, alla Ricerca della Felicità. Che per assicurare questi Diritti gli Uomini devono istituire i governi...». E quel foglio che dalla Rivoluzione Francese in poi tutti gli abbiamo bene o male copiato, o al quale ci siamo ispirati, costituisce ancora la spina dorsale dell'America. La linfa vitale di questa nazione. Sai perché? Perché trasforma i sudditi in cittadini. Perché trasforma la plebe in Popolo. Perché la invita anzi le ordina di ribellarsi alla tirannia, di governarsi, d'esprimere le proprie individualità, di cercare la propria felicità. (Cosa che per un povero, anzi per un plebeo, significa anzitutto arricchirsi). Tutto il contrario di ciò che il comunismo faceva proibendo alla gente di ribellarsi, governarsi, esprimersi, arricchirsi, e mettendo Sua Maestà lo Stato al posto dei soliti re. «Il comunismo è un regime monarchico, una monarchia di vecchio stampo. In quanto tale taglia le palle, agli uomini. E quando a un uomo gli tagli le palle, non è più un uomo» diceva mio padre. Diceva anche che invece di riscattare la plebe il comunismo trasformava tutti in plebe. Rendeva tutti morti di fame.

Bè, secondo me l'America riscatta la plebe. Sono tutti plebei, in America. Bianchi, neri, gialli, marroni, viola. Stupidi, intelligenti, poveri, ricchi. Anzi i più plebei sono proprio i ricchi. Nella maggioranza dei casi, certi piercoli! Rozzi, maleducati. Lo vedi subito che non hanno mai letto Monsignor della Casa, che non hanno mai avuto nulla a che fare con la raffinatezza e il buon gusto e la sophistication. Nonostante i soldi che sprecano nel vestirsi son così ineleganti che, in paragone, la regina d'Inghilterra sembra chic. Però sono riscattati, perdio. E a questo mondo non c'è nulla di più forte, di più potente, di più inesorabile, della plebe riscattata. Ti rompi sempre le corna, con la Plebe Riscattata. E, in un modo o nell'altro, con l'America le corna se le sono sempre rotte tutti. Inglesi, tedeschi, messicani, russi, nazisti, fascisti, comunisti... Da ultimo se le son rotte perfino i vietnamiti. Dopo la vittoria son dovuti scendere a patti, con gli americani, e quando l'ex presidente Clinton è andato a fargli una visitina hanno toccato il cielo con un dito. «Bienvenu, Monsieur le Président, bienvenu! Facciamo business con America, oui? Boku money, tanti soldi, oui?». Il guaio è che i figli di Allah non sono vietnamiti. E con loro la faccenda sarà dura. Molto lunga, molto difficile, molto dura. Ammenoché il resto dell'Occidente non smetta di farsela addosso. E ragioni un po' e dia una mano. Papa compreso.

(Mi consenta una domanda, Santità: è vero che tempo fa Lei chiese ai figli di Allah di perdonare le Crociate fatte dai Suoi predecessori per riprendersi il Santo Sepolcro? Boh! Ma loro Le hanno mai chiesto scusa per il fatto d'esserselo preso? Le hanno mai chiesto scusa per il fatto d'aver soggiogato per oltre sette secoli la cattolicissima penisola iberica, tutto il Portogallo e tre quarti della Spagna, sicché se nel 1490 Isabella di Castiglia e Ferdinando d'Aragona non si fossero dati una mossa oggi in Spagna e in Portogallo si parlerebbe ancora arabo? La cosa mi incuriosisce perché a me non hanno mai chiesto scusa per i crimini che fino all'alba del milleottocento hanno commesso lungo le coste della Toscana e nel Ma-

re Tirreno dove mi rapivano i nonni, gli mettevano le catene ai piedi e ai polsi e al collo, li portavano ad Algeri o a Tunisi o in Turchia, li vendevano nei bazaar, li tenevano schiavi vita natural
durante, gli tagliavan la gola ogni volta che tenta-
vano di scappare. Perbacco, Santità! Lei s'è dato
tanto da fare perché l'Unione Sovietica crollasse.
La mia generazione, una generazione che ha vissuto l'intera vita nell'attesa cioè nel terrore della
Terza Guerra Mondiale, deve ringraziare anche
Lei del miracolo a cui nessuno di noi credeva di
poter assistere: un'Europa libera dall'incubo del
comunismo, una Russia che chiede d'entrare nella Nato, una Leningrado che si chiama di nuovo
Pietroburgo, un Putin che è il miglior amico di
Bush. Il suo miglior alleato. E dopo aver contri-
buito a tutto questo Lei fa l'occhiolino a chi è
mille volte peggiore di Stalin, chiede scusa a chi
Le rubò il Santo Sepolcro e magari vorrebbe ru-
barLe il Vaticano?!?).

* * *

Non sto parlando, ovvio, agli avvoltoi
che se la godono a veder le immagini delle macerie e ridacchiano bene-agli-americani-gli-sta-bene. Sto parlando alle persone che pur non essen-

do stupide o cattive, si cullano ancora nella prudenza e nel dubbio. E a loro dico: sveglia, gente, sveglia! Intimiditi come siete dalla paura d'andar contro corrente oppure d'apparire razzisti, (parola oltretutto impropria perché il discorso non è su una razza, è su una religione), non capite o non volete capire che qui è in atto una Crociata alla Rovescia. Abituati come siete al doppio gioco, accecati come siete dalla miopia, non capite o non volete capire che qui è in atto una guerra di religione. Voluta e dichiarata da una frangia di quella religione forse. (Forse?). Comunque una guerra di religione. Una guerra che essi chiamano Jihad: Guerra Santa. Una guerra che non mira alla conquista del nostro territorio forse, (forse?), ma che certamente mira alla conquista delle nostre anime. Alla scomparsa della nostra libertà e della nostra civiltà. All'annientamento del nostro modo di vivere e di morire, del nostro modo di pregare o non pregare, del nostro modo di mangiare e bere e vestirci e divertirci e informarci... Non capite o non volete capire che se non ci si oppone, se non ci si difende, se non si combatte, la Jihad vincerà. E distruggerà il mondo che bene o male siamo riusciti a costruire, a cambiare, a migliorare, a rendere un po' più intelligente cioè meno bigotto o addirittura non bigotto. Distruggerà la nostra cultura, la nostra arte, la nostra scienza, la nostra morale, i nostri valori, i nostri piaceri... Cristo! Non vi rendete conto che gli Usama Bin Laden si ritengono autorizzati a uccidere voi e i vostri bambini perché bevete il vino o la birra, perché non portate la barba lunga o il chador anzi il burkah, perché andate al teatro e al cinema, perché ascoltate la musica e cantate le canzonette, perché ballate nelle discoteche o a casa vostra, perché guardate la televisione, perché portate la minigonna o i calzoncini corti, perché al mare o in piscina state ignudi o quasi ignudi, perché scopate quando vi pare e dove vi pare e con chi vi pare? Non v'importa neanche di questo, scemi? Io sono atea, graziaddio. Irrimediabilmente atea. E non ho alcuna intenzione d'esser punita per questo da quei barbari che invece di lavorare e contribuire al miglioramento dell'umanità stanno sempre col sedere all'aria cioè a pregare cinque volte al giorno.

Da vent'anni lo dico, da vent'anni. Con una certa mitezza, non con questa collera e questa passione, vent'anni fa su tutto ciò scrissi un articolo di fondo. Era l'articolo di una persona abituata a stare con tutte le razze e tutti i credi, d'una cittadina abituata a combattere tutti i fascismi e tutte le intolleranze, d'una laica senza tabù. Ma era anche l'articolo di una persona indignata con chi non sentiva il puzzo di Guerra Santa a venire, e ai figli di Allah gliene perdonava un po' troppe. Feci un ragionamento che suonava pressappoco così, vent'anni fa. «Che senso ha rispettare chi non rispetta noi? Che senso ha difendere la loro cultura o presunta cultura quando loro disprezzano la nostra? Io voglio difendere la nostra, e v'informo che Dante Alighieri mi piace più di 'Omar Khayyām». Apriti cielo. Mi crocifissero. «Razzista, razzista!». Furono le cicale di lusso anzi i cosiddetti progressisti (a quel tempo si chiamavano comunisti) a crocifiggermi. Del resto l'insulto razzista-razzista me lo presi anche quando i sovietici invasero l'Afghanistan. Li ricordi i barbuti con la sottana e il turbante che prima di sparare il mortaio, anzi a ciascun colpo di mortaio, berciavano le lodi del Signore: Allah-akbar, Dio-è-grande, Allah-akbar? Io li ricordo eccome. E a veder accoppiare la parola Dio al colpo di mortaio, mi venivano i brividi. Mi pareva d'essere nel Medioevo e dicevo: «I sovietici sono quello che sono. Però bisogna ammettere che a far quella guerra proteggono anche noi. E li ringrazio». Riapriti cielo. «Razzista, razzista!». Nella loro cecàggine non volevan neanche sentirmi parlare delle mostruosità che i figli di Allah commettevano sui militari sovietici fatti prigionieri. Ai militari sovietici segavano le gambe e le braccia, rammenti? Un vizietto cui s'erano già abbandonati in Libano coi prigionieri cristiani ed ebrei. (Né è il caso di meravigliarsi visto che nell'Ottocento lo facevano sempre ai diplomatici e agli ambasciatori, soprattutto inglesi. Posso fornirti i nomi e le date, e nel frattempo rileggiti Kipling. Anzi a loro tagliavano anche la testa e con la testa ci giocavano al polo. Le gambe e le braccia, invece, le esponevano nelle piazze o al bazaar). Tanto che gliene importava, alle cicale di lusso, d'un povero soldatino ucraino che giaceva in un ospedale con le braccia e le gambe segate? Semmai, applaudivano gli americani che rincretiniti dalla paura dell'Unione Sovietica riempivan di armi l'eroico-popolo-afgano. Addestravano i barbuti e coi barbuti (Dio li perdoni, io no) un barbutissimo di nome Usama Bin Laden. «Via i russi dall'Afghanistaaan! I russi devono andarsene dall'Afghanistaaan!». Bè, i russi se ne sono andati. Contenti? E dall'Afghanistan i barbuti del barbutissimo Usama Bin Laden sono arrivati a New York con gli sbarbati siriani, egiziani, iracheni, libanesi, palestinesi, sauditi, tunisini, algerini che componevano la banda dei diciannove kamikaze identificati. Contenti? Peggio. Ora qui si parla del prossimo attacco che il terrorismo islamico intende scatenare con le armi batteriologiche cioè con le malattie in grado di fare una strage ben più grossa di quella compiuta l'11 settembre dai kamikaze. Ogni sera e ogni mattina i telegiornali parlano di antrace e di vaiolo: i due morbi più temuti perché più facili a distribuirsi. A intensificare il dramma ci si è messo anche uno scienziato dell'Uzbekistan che anni fa scappò dall'Unione Sovietica per rifugiarsi in America. È apparso sullo schermo della Cnn e ha detto: «Don't take it easy, non prendetela alla leggera. Anche se non s'è ancora scatenata, questa minaccia è la più realistica di tutte. Può materializzarsi domani, può materializzarsi tra un anno o due o più. Preparatevi». Ergo, nonostante le parole di Bobby e di Giuliani, la gente ha paura. Contenti?

Alcuni non sono né contenti né scontenti. Se ne fregano e basta. Tanto l'America è lontana. Tra l'Europa e l'America c'è un oceano, pensano. Eh, no, sbagliate: c'è un filo d'acqua. Perché quando è in ballo il destino dell'Occidente, la sopravvivenza della nostra civiltà, New York siamo noi. L'America siamo noi. Noi italiani, noi francesi, noi inglesi, noi tedeschi, noi svizzeri, noi austriaci, noi olandesi, noi ungheresi, noi slovacchi, noi polacchi, noi scandinavi, noi belgi, noi spagnoli, noi greci, noi portoghesi eccetera. Ed anche noi russi che, coi mussulmani della Cecenia, a Mosca ci siamo beccati la nostra porzione di stragi. Se crolla l'America, crolla l'Europa. Crolla l'Occidente, crolliamo noi. E non solo in senso finanziario cioè nel senso che, mi pare, preoccupa di più gli italiani anzi gli europei. (Una volta, ero giovane e ingenua, dissi ad Arthur Miller: «Gli americani misurano tutto coi soldi, non si preoccupano che dei soldi». E Arthur Miller mi rispose: «Voi no?»). In tutti i sensi crolliamo, cari miei. E al posto delle campane ci ritroviamo i muezzin, al posto delle minigonne ci ritroviamo il chador anzi il burkah, al posto del cognacchino ci ritroviamo il latte di cammella. Neanche questo capite, neanche questo volete capire, scemi?!? Blair lo ha capito. Subito dopo la tragedia è venuto qui e ha portato anzi rinnovato a Bush la solidarietà degli inglesi. Non una solidarietà espressa con le chiacchiere e i piagnistei: una solidarietà basata sulla caccia ai terroristi e sull'alleanza militare. Chirac, no. Come sai, dopo la catastrofe è venuto qui. Una visita prevista da tempo, non una visita ad hoc. Ha visto le macerie delle due Torri, ha saputo che i morti sono un numero incalcolabile anzi inconfessabile, ma non s'è sbilanciato. Durante l'intervista alla Cnn ben quattro volte Christiane Amanpour gli ha chiesto in qual modo e in qual misura intendesse schierarsi contro questa Jihad. E per quattro volte egli ha evitato la risposta, è sgusciato via come un'anguilla. Veniva voglia di gridargli: «Monsieur le Président! Ricorda lo sbarco in Normandia? Lo sa quanti americani creparono in Normandia per cacciare i nazisti dalla Francia?».

Escluso Blair, del resto, neanche fra gli altri europei vedo Riccardi Cuor di Leone. E tantomeno ne vedo in Italia dove a due settimane dalla catastrofe il governo non ha ancora individuato quindi arrestato alcun complice o sospetto complice di Usama Bin Laden. Perdio, signor cavaliere, perdio! In ogni paese d'Europa è stato individuato e arrestato qualche complice o sospetto complice! In Francia, in Germania, in Inghilterra, in Spagna... Ma in Italia dove le moschee di Milano e di Torino e di Roma traboccano di mascalzoni che inneggiano a Usama Bin Laden, di terroristi o aspiranti terroristi cui piacerebbe tanto far saltare in aria la Cupola di San Pietro, nessuno. Nulla. Nessuno. Mi spieghi, signor cavaliere: son così incapaci i Suoi poliziotti e carabinieri? Son così coglioni i Suoi servizi segreti? Son così addormentati i Suoi funzionari? E son tutti stinchi di santo, tutti estranei a ciò che è successo e succede, i figli di Allah che ospitiamo? Oppure a fare le indagini giuste, a individuare e arrestare chi finoggi non avete individuato e arrestato, Lei teme di subire il solito ricatto razzista-razzista? Io, vede, no. Cristo! Io non nego a nessuno il diritto di avere paura. Mille volte ho scritto, ad esempio, che chi non ha paura della guerra è un cretino e chi vuol far credere di non avere paura alla guerra è insieme un cretino e un bugiardo. Ma nella

Vita e nella Storia vi sono casi in cui non è lecito aver paura. Casi in cui aver paura è immorale e incivile. E quelli che per debolezza o mancanza di coraggio o abitudine a tenere il piede in due staffe si sottraggono a questa tragedia a me sembrano, oltre che codardi, sciocchi e masochisti.

* * *

Masochisti, sì, masochisti. E a tal proposito, vogliamo farlo questo discorso su ciò che chiami Contrasto-fra-le-Due-Culture? Bè, se vuoi proprio saperlo, a me dà fastidio perfino parlare di due culture: metterle sullo stesso piano come se fossero due realtà parallele, di uguale peso e di uguale misura. Perché dietro alla nostra civiltà c'è Omero, c'è Socrate, c'è Platone, c'è Aristotele, c'è Fidia, perdio. C'è l'antica Grecia col suo Partenone, la sua scultura, la sua architettura, la sua poesia, la sua filosofia, la sua scoperta della Democrazia eccetera. C'è l'antica Roma con la sua grandezza, il suo concetto della Legge, la sua letteratura, i suoi palazzi, i suoi anfiteatri, i suoi acquedotti, i suoi ponti, le sue strade. C'è un rivoluzionario, quel Cristo morto in croce, che ci ha insegnato (e pazienza se non lo abbiamo imparato) il concetto dell'amore e della giustizia. C'è anche una Chiesa che ci ha dato l'Inquisizione, d'accordo, che mi ha torturato e bruciato mille volte sul rogo, che mi ha oppresso per secoli, che per secoli mi ha costretto a scolpire e dipingere solo Cristi e Madonne, che mi ha quasi ammazzato Galileo Galilei. Me lo ha umiliato, me lo ha zittito. Però ha dato anche un gran contributo alla Storia del Pensiero. Neanche un'atea come me può negarlo. E poi c'è il Rinascimento. C'è Leonardo da Vinci, c'è Michelangelo, c'è Raffaello. C'è la musica di Bach e di Mozart e di Beethoven, su su fino a Rossini e Donizetti e Verdi and Company. Quella musica senza la quale noi non sappiamo vivere, e che nella loro cultura o supposta cultura è proibita. Guai se fischi una canzonetta o muguli il coro del *Nabucco*. («Al massimo posso concederle qualche marcia pei soldati» mi disse Khomeini). E infine c'è la Scienza, perdio, e la tecnologia che ne deriva. Una scienza che in pochi secoli ha fatto scoperte da capogiro, compiuto meraviglie da Mago Merlino, perbacco! Copernico, Galileo, Newton, Darwin, Pasteur, Einstein, (e dico i primi nomi che mi vengono in mente), non eran mica seguaci di Maometto. O mi sbaglio? Il motore, il telegrafo, l'elettricità, il radio, la radio, il telefono, la televisione non si devono mica ai mullah e agli ayatollah. O mi sbaglio? Le navi a vapore, il treno, l'automobile, l'aereo, le astronavi con cui siamo andati sulla Luna e su Marte e presto andremo chissà dove, lo stesso. O mi sbaglio? Il trapianto del cuore, del fegato, dei polmoni, degli occhi, le cure del cancro, la scoperta del genoma, idem. O mi sbaglio? E anche se tutto questo fosse roba da buttar via, ma non mi sembra proprio, dimmi: dietro l'altra cultura, la cultura dei barbuti con la sottana e il turbante, che c'è?

Boh! Cerca cerca, io non ci trovo che Maometto col suo Corano e Averroè coi suoi meriti di studioso, (i *Commentari* su Aristotele eccetera), e il solito 'Omar Khayyām. Arafat ci trova anche i numeri e la matematica. Di nuovo berciandomi addosso, di nuovo coprendomi di saliva, nel 1972 mi disse che la sua cultura era superiore alla mia. Molto superiore alla mia, (lui può usarla la parola «superiore»?), perché i suoi nonni avevano inventato i numeri e la matematica. Ma Arafat ha la memoria corta, oltre che l'intelligenza debole. Per questo cambia idea e si smentisce ogni cinque minuti. Caro il mio Arafat, (si fa così per dire), i suoi nonni non hanno inventato i numeri e la matematica: hanno inventato la grafia dei numeri che anche noi infedeli adopriamo. E la matematica non è stata concepita da loro o, meglio, da loro e basta. È stata concepita quasi contemporaneamente da tutte le antiche civiltà. In Mesopotamia, in Grecia, in India, in Cina, in Arabia, in Egitto, tra i Maya... Bando alle chiacchiere, parolaio: i suoi nonni non ci hanno lasciato che qualche bella moschea e una religione da Medioevo. Un libro col quale da millequattrocento anni mi rompono le scatole più di quanto i cristiani me le rompano con la Bibbia o gli Evangeli. Gli ebrei, con la Torah. E chiarito tale punto, vediamo quali sono i pregi da attribuire a questo Corano che le cicale di lusso rispettano più di *Das Kapital*. Davvero pregi? Dacché i figli di Allah hanno semidistrutto New York, gli esperti dell'Islam non fanno che cantarmi le lodi di Maometto: raccontarmi che il suo Corano predica la pace e la fratellanza e la giustizia. (Lo dice anche Bush. Per tenersi buoni i ventiquattro milioni di americani arabo-mussulmani, convincerli a spifferare quel che sanno sugli eventuali parenti o amici o conoscenti devoti a Usama Bin Laden, non fa che ripeterlo. Povero Bush). Ma in nome della logica: se questo Corano è tanto giusto e fraterno e pacifico, come la mettiamo con la storia dell'Occhio-per-Occhio-e-Dente-per-Dente? Come la mettiamo con la faccenda del chador anzi del burkah cioè il lenzuolo che copre il volto delle mussulmane più disgraziate, sicché per dare una sbirciata al prossimo devon guardare attraverso una fitta rete posta all'altezza degli occhi? Come la mettiamo con la poligamia e col principio che le donne debbano contare meno dei cammelli, che non debbano andare a scuola, non debbano andare dal dottore, non debbano farsi fotografare eccetera? Come la mettiamo col veto degli alcoolici e la pena di morte per chi li beve? Come la mettiamo con la storia delle adultere lapidate o decapitate? Come la mettiamo con la storia dei ladri a cui in Arabia Saudita tagliano la mano, al primo furto la sinistra, al secondo la destra, al terzo chissaché? Anche questo sta nel Sacro Libro, sì o no?!? E non mi sembra mica tanto giusto. Non mi sembra mica tanto fraterno, tanto pacifico. Non mi sembra nemmeno intelligente. E a proposito d'intelligenza: è vero che in Europa gli odierni santoni della sinistra o di ciò che chiamano sinistra non vogliono udire ciò che dico? È vero che a udirlo danno in escandescenze, strillano inaccettabile-inaccettabile? Si son forse convertiti tutti all'Islam e anziché le Case del Popolo ora frequentano le moschee? Oppure strillano così per allinearsi col Papa che su certe cose apre bocca solo per chiedere scusa a chi gli rubò il Santo Sepolcro? Mah! Aveva ragione lo zio Bruno a dire: «L'Italia, che non ha avuto la Riforma, è il paese che ha vissuto più intensamente la Controriforma».

Ecco dunque la mia risposta alla tua domanda sul Contrasto-delle-Due-Culture. Al mondo c'è posto per tutti. A casa propria tutti fanno quello che gli pare. E se in alcuni paesi le donne son così cretine da accettare il chador anzi il lenzuolo da cui si guarda attraverso una fitta rete posta all'altezza degli occhi, peggio per loro. Se son così scimunite da accettare di non andar a scuola, non andar dal dottore, non farsi fotografare eccetera, peggio per loro. Se son così minchione da sposare uno stronzo che vuole quattro mogli, peggio per loro. Se i loro uomini son così grulli da non bere la birra e il vino, idem. Non sarò io a impedirglielo. Ci mancherebbe altro. Sono stata educata nel concetto di libertà, io, e la mia mamma diceva: «Il mondo è bello perché è vario». Ma se pretendono d'imporre le stesse cose a me, a casa mia... Lo pretendono. Usama Bin Laden afferma che l'intero pianeta Terra deve diventar mussulmano, che dobbiamo in massa convertirci all'Islam, che con le buone o con le cattive lui ci convertirà, che a tal scopo ci massacra e continuerà a massacrarci. E questo non può piacere né a me né a voi, ipocriti difensori dell'Islam. A me personalmente mette addosso una gran voglia di rovesciar le carte, ammazzare lui. Il guaio è che la cosa non si risolve, non si esaurisce, con la morte di Usama Bin Laden. Perché gli Usama Bin Laden sono decine di migliaia, ormai, e non stanno soltanto in Afghanistan o negli altri paesi mussulmani. Stanno dappertutto, e i più agguerriti stanno proprio in Occidente. Nelle nostre città, nelle nostre strade, nelle nostre università, nei gangli della nostra tecnologia. La Crociata alla Rovescia è in atto da tempo. Da ancor prima che, vent'anni fa, lo dicessi io. È in atto, ed è sostenuta da una fede nonché da una perfidia paragonabili soltanto alla fede e alla perfidia di Torquemada quando gestiva l'Inquisizione. Infatti trattare con loro è impossibile. Ragionarci, impensabile. Trattarli con indulgenza o tolleranza o speranza, un suicidio. E chi crede il contrario è un illuso.

* * *

Te lo dice una che quel tipo di fanatismo lo ha conosciuto abbastanza bene. In Iran, in Iraq, in Pakistan, in Bangladesh, in Arabia Saudita, in Kuwait, in Libia, in Giordania, in Libano, e a casa sua. Cioè in Italia. Lo ha conosciuto, sì, ed anche attraverso episodi ridicoli anzi grotteschi ne ha avuto raggelanti conferme. Io non dimenticherò mai quello che mi accadde all'ambasciata iraniana di Roma quando chiesi il visto per recarmi a Teheran, (intervista a Khomeini), e mi presentai con le unghie smaltate di rosso. Per loro, segno di immoralità anzi delitto per cui nei paesi più fondamentalisti ti mozzano le dita. Con voce sferzante mi ingiunsero di levare immediatamente quel rosso e, se non gli avessi urlato che cosa gradivo levare a loro anzi tagliare a loro, m'avrebbero mozzato le dita nel mio paese. Non dimentico nemmeno quel che mi accadde a Qom, la città santa di Khomeini, dove in quanto donna venni respinta da tutti gli alberghi. Tutti! Per intervistare Khomeini dovevo mettere il chador, per mettere il chador dovevo togliere i blue-jeans, per togliere i blue-jeans dovevo appartarmi, e naturalmente avrei potuto effettuare l'operazione nell'automobile con la quale ero giunta da Teheran. Ma l'interprete me lo impedì. Lei-è-pazza, signora, lei-è-pazza. A-fare-una-cosa-simile-qui-a-Qom-si-finisce-fucilati. Così di rifiuto in rifiuto approdammo all'ex Palazzo Reale dove un custode pietoso ci ospitò. Ci prestò l'ex Sala del Trono. Uno stanzone dove mi pareva d'esser la Madonna che per partorire il Bambin Gesù si rifugia insieme a Giuseppe nella stalla scaldata dall'asino e dal bue. Bè, sai che successe? Successe che a un maschio e a una femmina non sposati fra loro il Corano vieta di appartarsi dietro una porta chiusa, e d'un tratto la porta dello stanzone si aprì. Il mullah addetto al Controllo della Moralità irruppe strillando vergogna-vergogna, peccato-peccato, e v'era solo un modo per non finire fucilati: sposarsi. Firmare un atto di matrimonio a scadenza (quattro mesi) che il mullah ci sventolava sulla faccia. Sposarsi. Il guaio è che l'interprete aveva una moglie spagnola. Una certa Consuelo per nulla disposta ad accettare la poligamia. E io non volevo sposare nessuno. Tantomeno un iraniano con la moglie spagnola e nient'affatto disposta ad accettare la poligamia. Nel medesimo tempo non volevo finir fucilata ossia perdere l'intervista con Khomeini. In tal dilemma mi dibattevo e...

Ridi, ne sono certa. Ti sembrano barzellette, ne sono certa. Bè, allora il seguito di questo episodio non te lo racconto. Ti lascio con la curiosità di sapere se lo sposai o no. E per farti piangere ti racconto la storia dei dodici giovanotti impuri (cosa avessero fatto di impuro non s'è mai saputo) che finita la guerra del Bangladesh vidi giustiziare a Dacca. Li giustiziarono sul campo dello stadio di Dacca, a colpi di baionetta nel torace o nel ventre, e alla presenza di ventimila fedeli che dalle tribune applaudivano in nome di Allah. «Allah akbar, Dio è grande, Allah akbar». Lo so, lo so: nel Colosseo gli antichi romani, quegli antichi romani di cui la mia cultura va fiera, si divertivano a veder morire i cristiani dati in pasto ai leoni. Lo so, lo so: in tutti i paesi d'Europa i cristiani, quei cristiani ai quali sia pure a denti stretti riconosco il contributo che hanno dato alla Storia del Pensiero, si divertivano a veder bruciare gli eretici. Però è trascorso parecchio tempo, da allora. Nel frattempo siamo diventati un pochino più civili, e anche i figli di Allah dovrebbero aver compreso che certe cose non si fanno. Però loro le fanno. Dopo i dodici giovanotti impuri ammazzarono anche un bambino che per salvare il fratello condannato a morte s'era buttato sui giustizieri. A lui schiacciarono la testa con gli scarponi da militare. E se non ci credi, rileggi la mia cronaca o la cronaca dei giornalisti francesi e tedeschi e inglesi che inorriditi quanto me erano lì con me. Meglio: guardati le fotografie che uno di essi, il tedesco, scattò. Comunque il punto che mi preme sottolineare non è questo. È che, concluso lo scempio, i ventimila fedeli (molte donne) lasciarono le tribune e scesero nel campo. Non in maniera scomposta, cialtrona, no. In maniera ordinata, solenne. Lentamente composero un corteo e, sempre salmodiando Allah akbar-Allah akbar passarono sopra i cadaveri. Li distrussero come le due Torri di New York. Li ridussero a un tappeto sanguinolento di ossa spiaccicate.

Ah! Potrei continuare all'infinito con queste storie. Potrei dirti cose mai dette, mai pubblicate. Perché sai qual è il problema della gente come me, ossia della gente che ne ha viste troppe? È che a un certo punto si abitua alle ingiustizie, agli orrori. A riferirli ci sembra di masticare roba già masticata, tediosa, e non si riferiscono più. Sulla crudeltà della poligamia raccomandata dal Corano e mai condannata dalle cicale di lusso, ad esempio, potrei raccontarti quel che a Karachi mi raccontò Alī Bhutto: il Capo di Stato pakistano morto impiccato dai suoi avversari estremisti anzi dall'osceno generale Ziā. Conobbi bene Alī Bhutto. Per intervistarlo rimasi quasi quindici giorni al suo fianco. E una sera, senza che lo sollecitassi, mi confidò la storia del suo primo matrimonio. Matrimonio celebrato contro la sua volontà anzi nonostante la sua disperazione, quando egli aveva meno di tredici anni. Per moglie, una cugina che era già una donna. Me la confessò tra le lacrime. Una lacrima gli scendeva lungo il naso e gli finiva in bocca dove la leccava. Poi ci ripensò, se ne pentì. Mi chiese di togliere alcuni particolari e io lo feci perché ho sempre avuto un gran rispetto per la privacy della gente, Capi di Stato inclusi. Anzi mi ha sempre dato un gran disagio ascoltare le loro faccende personali. (Ricordo con quale slancio a Gerusalemme interruppi Golda Meir che, pure lei non sollecitata, mi confidava la storia del suo infelice rapporto col marito: «Golda, è proprio sicura di volermi dire certe cose?»). Dopo aver pubblicato l'intervista priva dei particolari che mi aveva chiesto di togliere, tuttavia, mi capitò di rivedere Bhutto che di nuovo pentito disse: «Sa, sbagliai a chiederle di purgare la storia del mio primo matrimonio. Un giorno dovrebbe scriverla per intero». E la storia per intero va al di là del ricatto che egli aveva subìto per sposare a meno di tredici anni la cugina che era già una donna. «Se fai il bravo, se consumi il matrimonio, ti regaliamo un paio di pattini». (O di mazze da cricket? Non ricordo). Infatti include la festa nuziale alla quale la sposa non partecipò in quanto femmina cioè essere inferiore. E con la festa nuziale, la notte in cui il matrimonio pagato coi pattini o le mazze da cricket avrebbe dovuto essere consumato. «Non lo consumammo... Ero proprio un bambino... Non sapevo da che parte incominciare... E invece d'aiutarmi lei piangeva. Piangeva, piangeva. Ergo, mi misi a piangere anch'io. Poi stanco di piangere mi addormentai, e l'indomani la lasciai per recarmi a studiare in Inghilterra. L'avrei rivista soltanto dopo il mio secondo matrimonio, quando ero ormai innamorato della mia seconda moglie e... Come dirlo? Io non sono un cultore della castità, e spesso vengo accusato d'essere un donnaiolo. Eppure dalla mia prima moglie non ho avuto figli. Voglio dire, non l'ho mai messa in condizione d'avere figli... Nonostante la sua grazia e la sua bellezza, l'incubo di quella notte me lo ha sempre impedito. Non ci sono mai riuscito. E quando vado da lei che vive sola come un cane abbandonato a Larkana, che morirà senza aver mai toccato un uomo perché se tocca un altro uomo commette adulterio e finisce lapidata, mi vergogno di me stesso e della mia religione. È una cosa spregevole, la poligamia. È una cosa spregevole il matrimonio combinato...». (Ecco, Bhutto. Ovunque Lei sia, e pazienza se non è in nessun posto fuorché sottoterra, l'ho mantenuta la mia promessa. L'ho scritta per intero la sua triste storia).

* * *

Soprattutto sul disprezzo con cui i mussulmani trattano noi donne, potrei dirti cose da rizzare i capelli in testa: altro che gli episodi di Roma e di Qom! Altro che le unghie rosse e il mullah addetto al Controllo della Moralità! Ai loro occhi, neanche morte le donne hanno importanza. Nel 1973, ad Amman, ne parlai con re Hussein di Giordania. Un tipo che secondo me era mussulmano quanto io sono cattolica. E così simpatico, intelligente, civile, che veniva spontaneo chiedersi se fosse davvero nato e cresciuto all'ombra dei minareti. Pensa che una volta (a quel tempo mi capitava d'incontrarlo abbastanza spesso) gli dissi: «Maestà, devo confessarle che essendo repubblicana mi dà tanto fastidio chiamarla Maestà!». E con una gran risata lui rispose: «Mi chiami Hussein e basta!». Poi aggiunse che il lavoro di re era un lavoro come un altro. «A job like another one». Gliene parlai, di quel disprezzo, per raccontargli che cosa mi avevan fatto durante un bombardamento israeliano i fidayin palestinesi d'una base segreta in Giordania. Loro s'erano rifugiati dentro un solido bunker ed io, creatura inferiore quindi da sacrificare per divertimento, ero stata chiusa a chiave dentro un deposito di esplosivi. (Non ti dico che accidente mi prese quando, avendoli uditi sghignazzare, accesi un fiammifero per guardar dov'ero e vidi quelle casse con la scritta Explosive-Dynamite-Explosive). S'arrabbiò tanto, il civile Hussein. «Nel mio paese, nel mio regno!» ansimava. Ma paragonate alle sevizie che da secoli i figli di Allah infliggono alle loro donne, certe crudeltà sono quisquilie. E per convincertene voglio parlarti di ciò che l'altra sera vidi alla televisione. Un documentario girato recentemente a Kabul da una bravissima giornalista anglo-afgana di cui m'ha colpito la voce morbida e triste, il volto mesto e deciso. Un documentario neanche perfetto, tecnicamente parlando, ma così agghiacciante che m'ha colto impreparata anche se i titoli di testa m'avevano messo sul chi-va-là. «We warn our spectators. Avvertiamo i nostri spettatori. This program contains very disturbing images. Questo programma contiene immagini molto moleste».

L'hanno dato in Italia? Bè, che l'abbiano dato o no, te lo dico io quali sono le immagini molto moleste. Sono quelle che mostrano l'esecuzione di tre donne colpevoli di non si sa cosa. Esecuzione che si svolge nella piazza centrale di Kabul. Più che una piazza, un desolato parcheggio. E in questo desolato parcheggio d'un tratto arriva un camioncino da cui scendono tre donne coperte dal lenzuolo coi bucolini all'altezza degli occhi, insomma il burkah. Il maledetto burkah in confronto al quale il chador sembra un succinto costume da bagno. Quello della prima donna è marrone, quello della seconda è bianco, quello della terza è grigio. La donna col burkah marrone è chiaramente terrorizzata. Barcolla, non si regge in piedi. La donna col burkah bianco procede con passo smarrito, quasi temesse d'inciampare e farsi male. La donna col burkah grigio, molto bassa e molto minuta, cammina invece con piglio sicuro e a un certo punto si ferma. Fa il gesto di sorreggere le due compagne, rincuorarle, ma un barbuto con la sottana e il turbante interviene bruscamente e le separa. A spintoni le costringe a inginocchiarsi sul selciato. Tutto avviene mentre i passanti attraversano la piazza, mangiano datteri o si infilano le dita nel naso come se la cosa non li riguardasse. Soltanto uno, in fondo, osserva un po' incuriosito. L'esecuzione si svolge in maniera sbrigativa. Senza letture di sentenza, senza tamburi, senza plotoni di militari, cioè senza cerimonie o pretese di solennità. Le tre donne si sono appena inginocchiate sull'asfalto che il boia, un altro barbuto con la sottana e il turbante, sbuca da non si sa dove con un mitra nella mano destra. Lo tiene come se fosse la borsa della spesa. Camminando lemme e annoiato, muovendosi come chi ripete gesti a lui consueti e forse quotidiani, va verso di loro che aspettano immobili e che essendo immobili non sembrano nemmeno esseri umani. Sembrano fagotti posati per terra. Le raggiunge alle spalle e senza indugio, cogliendoti di sorpresa, spara a bruciapelo nella nuca di quella col burkah marrone che subito cade in avanti. Stecchita. Poi, sempre lemme e annoiato, si sposta d'un metro e spara nella nuca di quella col burkah bianco che cade nel medesimo modo. Anzi proprio sulla faccia. Poi si sposta ancora d'un metro, sosta un attimo. Si gratta i genitali, quindi spara nella nuca di quella col burkah grigio che anziché cadere in avanti rimane un lungo minuto inginocchiata e col busto eretto. Fieramente eretto. Infine crolla sul fianco destro e in un ultimo gesto di rivolta solleva un lembo della stoffa per mostrare le gambe. Ma imperturbabile lui gliele copre e chiama i becchini che svelti agguantano i tre cadaveri per i piedi. Lasciando sull'asfalto tre larghi nastri di sangue li trascinan via come sacchi di spazzatura e sullo schermo appare il Ministro degli Esteri nonché della Giustizia signor Wakil Motawakil. (Sì, ho preso il nome. Non si sa mai quali opportunità offra la vita. Un giorno potrei incontrarlo lungo una strada deserta, e per ucciderlo potrei aver bisogno d'accertare la sua identità. «Are you, è lei, Mister Wakil Motawakil?»).

È un lardone sui trenta o quarant'anni, Mister Wakil Motawakil. Molto grasso, molto inturbantato, molto barbuto, molto baffuto, e con uno stridulo accento da castrato. Parlando delle tre donne gongola contento, ondeggia come una pentola di gelatina, e squittisce: «This is a very joyful day, questo è un giorno di grande gioia. Today we gave back peace and security to our city. Oggi abbiamo restituito pace e sicurezza alla nostra città». Però non dice in qual modo le tre donne abbiano tolto pace e sicurezza alla città, per quale colpa o delitto siano state condannate e giustiziate. S'erano forse tolte il burkah? Avevan forse scoperto la faccia per bere un bicchier d'acqua? Oppure avevano sfidato il divieto di cantare e in-

tonato una ninna-nanna ai loro bambini? Ammenoché non si fossero rese colpevoli del delitto più
delitto di tutti: ridere. (Sissignori: ridere. Ho detto ridere. Non lo sapevate che nell'Afghanistan
dei Talebani le donne non possono ridere, che gli
è proibito perfino ridere?). La serie di interroga-
tivi mi strozza finché, svanito Wakil Motawakil,
sullo schermo della Tv vedo una saletta piena di
ragazze senza il burkah. Ragazze col volto scoperto, le braccia nude, l'abito scollato. E chi si fa
i ricciolini, chi si trucca gli occhi, chi si dipinge le
labbra, chi si smalta le unghie di rosso. Chi ride
gioiosa, provocatoria. Sicché ne deduco che non
siamo più in Afghanistan, che la giovane giornalista è tornata a Londra dove vuol consolarci con
un finale intriso di speranza. Errore. Siamo ancora a Kabul, e la giornalista è in preda a un tale
spavento che la sua morbida voce suona roca anzi strozzata. Con quella voce roca, strozzata, far-
fuglia: «Per girare ciò che vedete io e la mia trou-
pe prendiamo un grosso rischio. Ci troviamo infatti in uno dei luoghi più proibiti della città: un
negozio clandestino, un posto pericolosissimo,
un simbolo della Resistenza al regime dei Talebani. Un negozio di parrucchiere». E con un brivi-
do rammento il male che senza rendermi conto
nel 1980 (intervista a Khomeini) feci a un parrucchiere di Teheran il cui negozio «Chez Bashir-

Coiffeur pour Dames» era stato chiuso dalle squadracce governative quale Luogo di Perdizione e di Peccato. Perché, non prendendo la cosa sul serio ed approfittandomi del fatto che Bashir aveva tutti i miei libri in Farsi, insomma mi leggeva, lo convinsi a riaprirlo un'oretta per me. Sia gentile, Bashir. Solo-un'oretta, ho-bisogno-di-lavarmi-la-testa-e-in-camera-mia-l'acqua-calda-non-c'è. Togliendo i sigilli posti dalle squadracce e lasciandomi entrare nel negozio vuoto tremava come un cane bagnato, povero Bashir. Diceva: «Lei non capisce a che cosa mi espone e si espone! Se qualcuno ci scopre o viene a saperlo, io finisco in galera e lei con me». Non ci scoprì nessuno, quel giorno. Ma otto mesi dopo cioè quando tornai a Teheran, (altra brutta storia di cui non ho mai parlato), lo cercai e mi dissero: «Non lo sa? Qualcuno se ne accorse e, partita lei, parlò. Lo arrestarono ed è ancora in prigione».

Rammento e capisco che le tre donne al mercato sono state uccise perché erano andate dal parrucchiere. Capisco insomma che si trattava di tre combattenti, di tre eroine, e dimmi: è questa la cultura cui alludi quando parli di Contrasto-fra-le-Due-Culture?!? Eh, no, caro mio: no. Distratta dal mio amore per la Libertà ho incominciato il discorso affermando che al mondo c'è posto per tutti. Che la mia mamma diceva il-mondo-è-belloperché-è-vario. Che se alcune donne sono così sceme da accettar certe infamie, peggio per loro: l'importante-è-che-certe-infamie-non-vengano-imposte-a-me. Ma ho detto una cosa ingiusta. Perché a far quel ragionamento ho dimenticato che la Libertà scissa dalla Giustizia è una mezza libertà, che difendere la propria libertà e basta è un'offesa alla Giustizia. E implorando il perdono delle tre eroine, di tutte le donne giustiziate seviziate umiliate o sviate dai figli di Allah, sviate al punto di unirsi al corteo che calpestava i morti dello stadio di Dacca, dichiaro che la faccenda mi riguarda eccome. Ci riguarda tutti, signori o signore Cicale, e...

Alle cicale di sesso maschile ossia agli ipocriti che contro il burkah non aprono mai bocca e non muovono mai un dito, non ho nulla da dire. Gli abusi che il Corano ordina o consente di commettere sulle donne non rientrano nella loro interpretazione del Progresso o della Giustizia, e il mio sospetto è che in segreto nutrano una forte invidia per Wakil Motawakil. (Beato-lui-che-le-può-giustiziare). Non di rado, infatti, picchiano le mogli. Alle cicale omosessuali, idem. Divorati dalla stizza di non essere del tutto femmine, aborrono perfino le poverette che li misero al mondo, e nelle donne non vedono che un ovulo per clonare la loro incerta specie. Alle cicale di sesso femminile ossia alle femministe di cattiva memoria, invece, qualcosa da dire ce l'ho. Giù la maschera, false Amazzoni. Ricordate gli anni in cui anziché ringraziarmi d'avervi spianato la strada cioè d'aver dimostrato che una donna può fare qualsiasi lavoro come un uomo o meglio d'un uomo, mi coprivate di insulti? Ricordate gli anni in cui, anziché portarmi ad esempio, mi definivate sporca-maschilista, maiale-maschilista, e mi lapidavate perché avevo scritto un libro dal titolo *Lettera a un bambino mai nato*? («Brutto, brutto, più brutto di così non si può. Durerà una sola estate». Ed anche: «Quella ha l'utero nel cervello»). Ebbene, dov'è finito il vostro livoroso femminismo? Dov'è finita la vostra presunta bellicosità? Com'è che sulle sorelle afgane, sulle creature assassinate seviziate umiliate dai maiali-maschilisti con la sottana e il turbante, imitate il silenzio dei vostri ometti? Com'è che non organizzate mai una abbaiatina dinanzi all'ambasciata dell'Afghanistan o dell'Arabia Saudita o di qualche altro paese mussulmano? Vi siete tutte innamorate del fascinoso Usama Bin Laden, dei suoi occhioni da Torquemada, delle sue labbra cicciute, e di quel che sta sotto la sua sottanaccia? Lo trovate romantico, sognate tutte d'essere stuprate da lui? Oppure delle sorelle mussulmane non ve ne importa un cazzo perché le considerate inferiori? In tal caso, chi è razzista qui: io o voi? La verità è che non siete nemmeno cicale. Siete e siete sempre state galline cui riesce soltanto starnazzar nel pollaio, coccodè-coccodè-coccodè. O parassite che per tentar d'emergere avete avuto bisogno d'un uomo che vi reggesse lo strascico.

Stop, e ora lasciami esporre la conclusione del ragionamento. Conclusione che da Kabul ci porterà in Italia e non piacerà a molti, visto che in Italia difendere la propria cultura è diventato peccato mortale. «Al rogo l'eretica, al rogo. Allah Akbar, Allah Akbar».

* * *

Sai, quando mi dispero, non sempre ho dinanzi agli occhi le apocalittiche scene con cui il discorso è incominciato: i corpi che a dozzine cadono dalle finestre degli ottantesimi e dei novantesimi e dei centesimi piani, la prima Torre che implode e inghiotte sé stessa, la seconda che si scioglie come se fosse un panetto di burro. Spesso alle due Torri che non esistono più si sovrappongono i due millenari Buddha che i Talebani distrussero lo scorso marzo in Afghanistan. Le due immagini si mischiano, si uniscono, diventano la medesima cosa, e penso: ma se ne è già dimenticata, la gente, di quello scempio? Io no. Infatti quando guardo la coppia dei piccoli Buddha che tengo nel mio living-room e che un vecchio monaco perseguitato dagli Khmer Rouges mi regalò a Pnomh Penh durante la guerra in Cambogia, mi si stringe il cuore. E anziché due piccoli Buddha d'ottone vedo i due immensi Buddha che incastonati dentro la roccia stavano nella vallata di Bamiyan. La vallata da cui mille e mille anni fa transitavano le carovane provenienti dall'Impero Romano e dirette in Estremo Oriente. L'incrocio da cui passava la leggendaria Via della Seta, amalgama d'ogni cultura. Li vedo perché di loro so tutto. Che il più antico (Terzo secolo) era alto trentacinque metri. L'altro (Quarto secolo), quasi cinquantaquattro metri. Che entrambi avevano il dorso saldato alla roccia ed erano coperti di stucco policromo. Rosso, giallo, verde, viola. Che avevano il volto e le mani d'oro sicché al sole brillavano in maniera accecante, sembravano mastodontici gioielli. Che all'interno delle nicchie ora vuote come orbite vuote le pareti lisce contenevano affreschi di squisita fattura, che fino all'arrivo dei Talebani anche gli affreschi erano rimasti intatti...

Mi si stringe il cuore perché verso le opere d'arte io ho il medesimo culto che i mussulmani hanno verso la tomba di Maometto. Per me un'opera d'arte è sacra quanto per loro è sacra la Mecca, e più antica è più sacra è. Del resto, per me, ogni oggetto del Passato è sacro. Un fossile, una terracottina, una monetina, una qualsiasi testimonianza di ciò che fummo e di ciò che facemmo. Il Passato mi incuriosisce più del Futuro e non mi stancherò mai di sostenere che il Futuro è un'ipotesi, una congettura, una supposizione, cioè una non-realtà. Tutt'al più, una speranza alla quale tentiamo di dar corpo coi sogni e le fantasie. Il Passato invece è una certezza, una concretezza, una realtà stabilita. Una scuola dalla quale non si prescinde perché, se non si conosce il Passato, non si capisce il Presente e non si può tentar di influenzare il Futuro coi sogni e le fantasie. E poi ogni oggetto sopravvissuto al Passato è prezioso perché porta in sé un'illusione di eternità. Perché rappresenta una vittoria sul Tempo che logora e appassisce e uccide, una sconfitta della Morte. E come le Piramidi, come il Partenone, come il Colosseo, come una bella chiesa o una bella sinagoga o una bella moschea o un albero millenario, ad esempio le sequoie della Sierra Nevada, i due Buddha di Bamiyan mi davano questo. Ma quei figli di puttana, quei Wakil Motawakil, me li hanno distrutti. Me li hanno ammazzati.

Mi si stringe il cuore anche per il modo in cui me li hanno ammazzati: per la consapevolezza e il compiacimento con cui hanno commesso lo scempio. Infatti non li hanno ammazzati in un impeto di follia, un improvviso e temporaneo attacco di demenza. Ciò che la legge chiama «incapacità d'intendere e di volere». Non hanno agito con l'irrazionalità e la bestialità dei maoisti cinesi che nel 1951 distrussero Lhasa, irruppero nei monasteri poi nella reggia del Dalai Lama e come bufali ubriachi rasero al suolo le vestigia d'una civiltà. Bruciarono le pergamene millenarie, spaccarono i millenari altari, stracciarono i millenari arredi dei monaci, ne fecero costumi da teatro, e i Buddha d'oro o d'argento li fusero per ricavarne lingotti da spedire a Pechino. Che la vergogna li soffochi ad saecula saeculorum amen. Lo scempio di Lhasa, vedi, non fu preceduto da un processo. Non avvenne in seguito a una sentenza, non ebbe i caratteri d'una esecuzione decisa in base a norme o presunte norme giuridiche. Inoltre, ecco il punto principale, si svolse all'insaputa del mondo cioè senza che nessuno potesse intervenire per impedirlo o fermarlo. Nel caso dei Buddha di Bamiyan ci fu un vero e proprio processo. Ci fu una vera e propria sentenza, poi un'esecuzione decisa in base a norme o presunte norme giuridiche. Un crimine meditato, dunque. Ragionato, consapevole, e avvenuto sotto gli occhi del mondo intero che s'era messo in ginocchio per impedirlo. «Vi scongiuriamo, vi supplichiamo, non fatelo. I monumenti archeologici sono patrimonio universale e quei Buddha chiusi nella roccia non danno noia a nessuno». Si mise in ginocchio l'Onu, si mise in ginocchio l'Unesco, si mise in ginocchio l'Unione Europea. Si misero in ginocchio i paesi vicini o confinanti. La Russia, l'India, la Thailandia, e perfino la Cina che aveva sullo stomaco il peccatuccio di Lhasa. Ma non servì a nulla e ricordi il verdetto emesso dalla Corte Suprema del Tribunale Islamico di Kabul? «Tutte le statue pre-islamiche saranno abbattute. Tutti i simboli pre-islamici saranno spazzati via insieme agli idoli condannati dal Profeta...». I Talebani la emisero il 26 febbraio 2001, (non 1001), cioè lo stesso giorno in cui autorizzarono le pubbliche impiccagioni negli stadi e tolsero alle donne gli ultimi diritti che erano loro rimasti. (Col diritto di ridere, quello di portare le scarpe col tacco alto e di stare in casa senza le tende nere alle finestre). Ricordi le sevizie che subito i due Buddha incominciarono a subire, le mitragliate nella faccia, il naso che saltava via, il mento che spariva, la guancia che partiva? Ricordi la conferenza-stampa del Ministro Qadratullah Jamal? «Poiché temiamo che le granate e i proiettili da cannone e le quindici tonnellate di esplosivo da noi ammassate ai piedi dei due idoli non siano sufficienti, abbiamo chiesto l'aiuto di esperti demolitori nonché d'un paese amico. E poiché la testa e le gambe sono già state abbattute, riteniamo che in tre giorni la sentenza possa venir completamente eseguita». (Per esperti-demolitori intendi, credo, Usama Bin Laden. Per paese amico, il Pakistan). Infine, ricordi l'esecuzione vera e propria? Quei due scoppi secchi. Quelle due nubi grasse. Sembravano le nubi che sei mesi dopo si sarebbero sprigionate dalle due Torri di New York. E io pensai al mio amico Kon-dun.

*　*　*

Sai, nel 1968 intervistai un uomo straordinario. L'uomo più pacifico, più mansueto, più tollerante, più saggio, che abbia mai conosciuto grazie al mio mestiere di giramondo. L'attuale Dalai Lama, colui che i buddisti chiamano il Buddha vivente. Aveva trentatré anni, a quel tempo. Non molto meno di me. E da nove era un sovrano spodestato, un papa o meglio un dio in esilio. In quanto tale viveva a Dharamashala: una cittadina del Kashmir, ai piedi dell'Himalaya, dove il governo indiano lo ospitava insieme a qualche dozzina di monaci e qualche migliaio di tibetani scappati da Lhasa. Fu un lungo, indimenticabile incontro. Ora bevendo tè nella villetta che guardava le bianche montagne e gli azzurri ghiacciai dai cristalli aguzzi come coltelli, ora camminando nel giardino colmo di rose, restammo insieme un'intera giornata. Lui a parlare, io ad ascoltare divertita e commossa la sua bella voce fresca e squillante. Oh! Lo aveva capito al primo sguardo, il mio giovane dio, che ero una donna poco portata alle reverenze. Una donna senza dèi. I suoi occhi a mandorla resi ancor più perspicaci dalle lenti cerchiate d'oro mi avevano scrutato bene, all'arrivo. Eppure mi tenne con sé un'intera giornata. Nella sua infinita liberalità mi trattò come se fossi un'amica di antica data o una ragazza da corteggiare. E dopo che gli ebbi scattato le fotografie che lo ritraevano nelle sue vesti di monaco, fece una cosa che non ho mai raccontato. Con la scusa del caldo andò a cambiarsi e, al posto del prezioso scialle di lana rosso ruggine che portava sulla tunica arancione, indovina che mise. Una T-shirt, una maglietta, con la figura di Popeye: Braccio di Ferro. Sì, il personaggio dei fumetti. Quello che tiene sempre la pipa in bocca e mangia gli spinaci in scatola. E quando tra le risate gli chiesi dove diavolo avesse trovato un simile indumento, perché diavolo lo avesse indossato, rispose serafico: «L'ho preso al mercato di New Delhi. E l'ho messo per farle piacere».

Mi dette un'intervista bellissima. Mi parlò ad esempio della sua infanzia priva di spensieratezza e di gioia. Quell'infanzia trascorsa soltanto coi maestri e coi libri sicché a sei anni studiava già il sanscrito e l'astrologia e la letteratura, a dieci la dialettica e la metafisica e l'astronomia, a dodici l'arte di comandare e di governare... Mi parlò della sua adolescenza infelice. Quell'adolescenza spesa nella fatica di diventare un monaco perfetto, dominare le tentazioni, spengere i desideri, sicché per spengerli andava nell'orto del suo cuciniere e coltivava cavoli giganti. «Un metro di diametro, eh?». Mi parlò del suo amore per la meccanica e l'elettricità, mi confidò che se avesse potuto scegliersi un mestiere avrebbe fatto il meccanico o l'elettricista. «A Lhasa mi piaceva tanto aggiustare il generatore elettrico e smontare poi rimontare i motori. Nel garage della reggia avevo scoperto tre vecchie automobili regalate non so da chi al mio predecessore, il tredicesimo Dalai Lama. Due Baby Austin del 1927, una celeste e una gialla, e una Dodge arancione del 1931. Erano tutte arrugginite. A forza di lavorarci riuscii a farle funzionare e perfino a guidarle. Peccato che per guidarle non ci fosse posto. A Lhasa esistevano solo mulattiere e sentieri». Mi parlò anche di Mao Tse Tung che per il diciottesimo compleanno lo aveva invitato a Pechino, e che sedotto dalla sua intelligenza lo aveva tenuto con sé undici mesi. «Io ci rimasi nella speranza che servisse a salvare il Tibet. Invece! Chissà: forse voleva salvarlo davvero e glielo impedirono. Sa, v'era qualcosa di triste, in Mao Tse Tung. Qualcosa che inteneriva. Aveva sempre le scarpe sudice e il fiato grosso, fumava una sigaretta dopo l'altra anzi accendeva una sigaretta sull'altra, e non discuteva che di marxismo. Solo una volta alluse al buddismo, e riconobbe che era una buona religione. Non diceva mai una sciocchezza». Mi parlò anche delle atrocità che i maoisti avevano commesso nel Tibet. I monasteri saccheggiati e dati alle fiamme, i monaci torturati e sgozzati, i contadini cacciati dai campi e massacrati. E la fuga alla quale era stato costretto. La fuga d'un ventiquattrenne che travestito da soldato esce dalla reggia, strisciando nel buio si mischia alla folla terrorizzata e raggiunge la periferia di Lhasa. Salta in groppa a un cavallo e, braccato da un aereo cinese che vola a bassa quota, per settimane galoppa. Si nasconde nelle caverne e galoppa, si appiatta nei cespugli e galoppa. Poi di villaggio in villaggio approda in India dove il Pandit Nehru gli dà asilo. Ma è ormai un re che non ha più regno, un papa che non ha più chiesa, un dio che ormai viene invitato soltanto ai congressi dei vegetariani perché mangia solo verdura. Peggio: poiché i suoi sudditi sono sparsi per l'India e il Nepal e il Sikkim, alla sua morte sarà praticamente impossibile cercarne il successore: quasi certamente egli è l'ultimo dei Dalai Lama. Così a quel punto lo interruppi, gli chiesi: «Santità, potrà mai perdonare i suoi nemici?». Mi guardò sbalordito. Sorpreso, forse offeso, sbalordito. E con quella bella voce fresca, squillante, esclamò: «Nemici? Ma io non li ho mai considerati nemici! Io non ho nemici! Un buddista non ha nemici».

Io a Dharamashala c'ero arrivata dal Vietnam, capisci. Quell'anno in Vietnam avevo vissuto sulla mia pelle l'Offensiva del Tet e l'Offensiva di Maggio, l'assedio di Khe Sanh e la battaglia di Hué. Venivo insomma da un mondo dove la parola nemico-enemy-ennemi-nemico si pronunciava ogni trenta secondi, faceva parte della nostra vita, era un suono come il suono del nostro respiro. Così a udire la frase io-non-ho-nemici, un-buddista-non-ha-nemici, mi sentii girare la testa. Quasi mi innamorai di quel giovanotto con gli occhi a mandorla e la maglietta di Popeye, Braccio di Ferro. Lasciandolo gli detti i miei numeri di telefono, cosa che già allora non facevo mai, e gli dissi: «Se viene a Firenze o a New York, Santità, mi chiami». Invito al quale rispose: «Certamente, naturalmente. Ma a condizione che non mi chiami più Santità. Io mi chiamo Kon-dun». Poi non lo rividi più fuorché alla televisione dove notai che invecchiava come me. Le nostre vite avevano preso vie talmente diverse, talmente lontane... Soltanto una volta qualcuno mi portò i suoi saluti, mi disse: «Il Dalai Lama mi ha chiesto come stai». Io, nemmeno questo. Però in questi trentatré anni mi sono informata meglio sui buddisti e ho appurato che, al contrario dei mussulmani cioè del loro occhio-per-occhio-e-dente-perdente, al contrario dei cristiani che parlano di perdono ma hanno inventato la storia dell'Inferno, i buddisti non usano mai la parola «nemico». Ho appurato che non hanno mai fatto proseliti con la violenza, non hanno mai compiuto conquiste territoriali attraverso il pretesto della religione, e il concetto di Guerra Santa non lo concepiscon nemmeno. Qualche studioso mi smentisce. Nega che il buddismo sia una religione pacifica e per sostenere la tesi porta ad esempio i monaci guerrieri del Giappone. Cosa possibile in quanto ogni famiglia annovera gente di cattivo carattere. Però anche gli studiosi riconoscono che il cattivo carattere di quei monaci guerrieri non era impiegato per far proseliti, e ammettono che la storia del buddismo non registra Feroci Saladini o papi come Leone IX o Urbano II o Innocenzo II o Pio II o Giulio II. (Li scelgo a casaccio perché la lista è troppo lunga). Non annovera Dalai Lama che con l'armatura e la spada guidano le soldatesche, in nome di Dio vanno a massacrare il prossimo. Eppure, i figli di Allah rompono le scatole anche ai buddisti. Gli fanno

116

saltare in aria le statue, gli impediscono di praticare la loro religione. E mi chiedo: a chi tocca, a chi toccherà, ora che i Buddha di Bamiyan son saltati in aria come i grattacieli di New York? Ce l'hanno davvero con l'Occidente e basta questi figli di Allah?

La domanda vale anche se Usama Bin Laden si converte al buddismo e i Talebani diventano liberali. Perché Usama Bin Laden e i Talebani, non mi stancherò mai di sostenerlo, sono soltanto la più recente manifestazione d'una realtà che esiste da millequattrocento anni. Una realtà sulla quale l'Occidente chiude stupidamente gli occhi. Caro mio, vent'anni fa io li ho visti i figli di Allah al lavoro senza gli Usama Bin Laden e senza i Talebani. Li ho visti distrugger le chiese, li ho visti bruciare i crocifissi, li ho visti insozzare le Madonne e urinare sugli altari e trasformare gli altari in cacatoi. Li ho visti a Beirut. Quella Beirut che era tanto bella e che oggi, per colpa loro, non esiste praticamente più. Quella Beirut dove erano stati accolti dai libanesi come i tibetani erano stati accolti dagli indiani a Dharamashala e dove, contrariamente ai tibetani del mio amico Kondun, s'erano impossessati della città anzi del paese. Col patrocinio del signor Arafat che ora fa la verginella e rinnega il passato di terrorista, vi avevano costituito uno Stato dentro lo Stato. Risfoglia i giornali, se non te ne ricordi, o rileggi il mio *Insciallah*. È un romanzo, sì, ma costruito su una realtà storica che migliaia di persone hanno vissuto e che centinaia di giornalisti hanno testimoniato poi riferito in tutte le lingue. La storia non si può cancellare. La si può falsare come il Grande Fratello fa nel romanzo di Orwell, la si può ignorare, la si può dimenticare, ma cancellare no. E sempre a proposito di chi nella cosiddetta sinistra finge di ignorarla o dimenticarla: non le rammenta nessuno le sante parole di Lenin «La religione è l'oppio dei popoli»? Non ne tiene conto nessuno del fatto che tutti i paesi islamici sono vittime d'un regime teocratico, che gratta gratta tutti sono copie o aspiranti copie dell'Afghanistan e dell'Iran? Perdio, non v'è un solo paese islamico che sia governato in modo democratico o almeno laico! Non uno! Perfino quelli soggiogati da una dittatura militare come l'Iraq e la Libia e il Pakistan, perfino quelli tiranneggiati da una monarchia assolutista come l'Arabia Saudita e lo Yemen, perfino quelli retti da una monarchia più ragionevole come la Giordania e il Marocco, non escono mai dai cardini d'una religione che regola ogni momento della vita e della giornata! Ma allora perché questi immemori o falsi immemori se la prendono tanto e se la sono sempre presa tanto coi sionisti di Israele? Perché, anzi con quale diritto, condannano i sionisti col cappellone nero e la barba e i buccolotti alla Dame aux Camélias?!? Quel diritto spetta a me che sono laica e che al solo udir la parola Stato Teocratico (incluso quello del mio amico Kon-dun) rabbrividisco. Non a loro che son diventati più bacchettoni d'un parroco di campagna! Occhi negli occhi, cicale di lusso e non di lusso: dov'è andato a finire il vostro laicismo? La tolleranza religiosa, primo cardine d'ogni libertà civile, non annulla mica il laicismo! Anzi è proprio il laicismo che la garantisce. Sì o no?!? E con ciò passiamo davvero all'Italia.

* * *

Io non vado a rizzare tende alla Mecca. Non vado a cantar Paternostri e Avemarie dinanzi alla tomba di Maometto. Non vado a fare pipì sui marmi delle loro moschee. Tantomeno a farci la cacca. Io, quando mi trovo nei loro paesi (cosa dalla quale non traggo mai diletto), non dimentico mai d'essere un'ospite e una straniera. Sto attenta a non offenderli con abiti o gesti o comportamenti che per noi sono normali e per loro inammissibili. Li tratto con doveroso rispetto, doverosa cortesia, mi scuso se per sbadatezza o ignoranza infrango qualche loro regola o superstizione. E mentre l'immagine dei due grattacieli distrutti si mischia all'immagine dei due Buddha ammazzati ora vedo anche quella, non apocalittica ma per me simbolica, della gran tenda con cui due estati fa i mussulmani somali (paese in gran dimestichezza con Bin Laden, la Somalia, ricordi?) sfregiarono e smerdarono e oltraggiarono per tre mesi e mezzo piazza del Duomo a Firenze. La mia città.

Una tenda rizzata per biasimare condannare insultare il governo italiano, a quel tempo di sinistra, che una volta tanto esitava a rinnovargli i passaporti di cui avevan bisogno per scorrazzare in Europa e che (alleluja) non gli lasciava portare in Italia le orde dei loro parenti. Mamme, babbi, fratelli, sorelle, zii, zie, cugini, cognate incinte, e magari i parenti dei parenti. Una tenda situata accanto al palazzo dell'Arcivescovado sul cui marciapiede tenevano le scarpe o le ciabatte che nei loro paesi allineano fuori dalle moschee. E insieme alle scarpe o alle ciabatte, le bottiglie vuote dell'acqua minerale con cui si lavavano i piedi prima della preghiera. Una tenda posta di fronte alla cattedrale di Santa Maria del Fiore, e a lato del Battistero con le porte d'oro del Ghiberti. Una tenda, infine, arredata come un rozzo appartamento. Sedie, tavolini, chaise-longues, materassi per dormire e per scopare, fornelli per cuocere il cibo ossia appestare la piazza col fumo e col puzzo. E, grazie alla consueta incoscienza dell'Enel che alle nostre opere d'arte tiene quanto tiene al nostro paesaggio cioè nulla, fornita di luce elettrica. Grazie a un radio-registratore sempre acceso, arricchita dalla vociaccia sguaiata d'un muezzin che puntualmente esortava i fedeli, assordava gli infedeli, e soffocava il suono delle campane. Insieme a tutto ciò, le gialle strisciate di urina che profanavano i marmi del Battistero. (Perbacco! Hanno la gettata lunga, questi figli di Allah! Ma come facevano a colpire l'obbiettivo separato dalla ringhiera di protezione e quindi distante quasi due metri dal loro apparato urinario?). Con le gialle strisciate di urina, il fetore dello sterco che bloccava il portone di San Salvatore al Vescovo: la squisita chiesa romanica (Nono secolo) che sta alle spalle di piazza del Duomo e che i figli di Allah avevano trasformato in cacatoio. Lo sai bene.

Lo sai bene perché fui io a chiamarti, a pregarti di parlarne sul tuo giornale, ricordi? Chiamai anche il sindaco di Firenze che, glielo concedo, venne gentilmente a casa mia. Mi ascoltò, mi dette ragione. «Ha ragione, ha proprio ragione...». Ma la tenda non la tolse. Se ne dimenticò o non ne ebbe il coraggio. Chiamai anche il Ministro degli Esteri che era un fiorentino, anzi uno di quei fiorentini che parlano con l'accento molto fiorentino, nonché coinvolto in prima persona nella faccenda dei passaporti con cui volevano scorrazzare per l'Europa. E pure lui, glielo concedo, mi ascoltò. Mi dette ragione: «Eh, sì. Ha ragione, sì». Ma per togliere la tenda non mosse un dito. Allora cambiai sistema. Chiamai un poliziotto che dirige l'ufficio-sicurezza della città e gli dissi: «Caro poliziotto, io non sono un politico. Quando dico di fare una cosa, la faccio. Se entro domani non levate la fottuta tenda, io la brucio. Giuro sul mio onore che la brucio, che nemmeno un reggimento di carabinieri riuscirà a impedirmelo, e per questo voglio essere arrestata. Portata in galera con le manette, arrestata. Così finisco su tutti i giornali e telegiornali, la-Fallaci-arrestata-nella-sua-città-per-aver-difeso-la-sua-città, e vi sputtano tutti». Bè, essendo più intelligente degli altri, nel giro di poche ore il poliziotto la levò. Al posto della tenda rimase soltanto un'immensa e disgustosa macchia di sudiciume: l'avanzo del bivacco durato più di tre mesi. Ma la mia fu una vittoria di Pirro. Lo fu perché subito dopo i passaporti furono rinnovati. I permessi di soggiorno, concessi. Lo fu perché i loro babbi e le loro mamme e i loro fratelli e le loro sorelle e i cugini e le cugine e le cognate incinte che nel frattempo hanno partorito ora si trovano dove volevano cioè a Firenze e in altre città d'Europa. Lo fu, infine, perché il fatto di togliere la tenda non influì per niente sugli altri scempi che da anni feriscono e umiliano quella che era la capitale dell'arte e della cultura e della bellezza. Non scoraggiò per niente gli altri arrogantissimi ospiti della città: gli albanesi, i sudanesi, i bengalesi, i tunisini, gli algerini, i pakistani, i nigeriani che con tanto fervore contribuiscono al commercio della droga. (A quanto pare un crimine non proibito dal Corano). E, con loro, i venditori ambulanti che infestano le piazze per venderti la matita. I venditori stabili che espongono la merce sui tappetini posati sui marciapiedi. Le prostitute ammalate di sifilide e di Aids che bivaccano anche lungo le strade di campagna. I ladri che ti assaltano mentre dormi nel tuo letto e guai se alle loro revolverate rispondi con la tua revolverata.

Eh, sì. Son tutti dov'erano prima che il poliziotto togliesse la tenda. I venditori-stabili stanno anche nel piazzale degli Uffizi, ai piedi della Torre di Giotto, dinanzi alla Loggia dell'Orcagna, intorno alle Logge del Porcellino, di fronte alla Biblioteca Nazionale, all'entrata dei musei, sul Ponte Vecchio dove ogni tanto si pigliano a coltellate. O sui Lungarni dove hanno preteso e ottenuto che il Municipio li finanziasse. (Sissignori, che li finanziasse!). Stanno anche sui sagrati delle chiese. Ad esempio su quello della

Chiesa di San Lorenzo dove in barba ad Allah si ubriacano col vino e la birra e i liquori, e dove dicono oscenità alle donne. (La scorsa estate, su quel sagrato, le dissero perfino a me che ormai sono un'antica signora. E va da sé che mal gliene incolse. Oooh, se mal gliene incolse! Uno sta ancora lì a mugulare sui suoi genitali). Sì, col pretesto di vendere la fottuta merce, sono sempre lì. E per «merce» intendi borse e valige fabbricate sui modelli protetti da brevetto quindi illegali, gigantografie, cartoline, statuette africane che i turisti ignoranti credono sculture del Bernini. Nonché la suddetta droga. «Je connais mes droits, conosco i miei diritti» mi sibilò, sul Ponte Vecchio, un nigeriano che avevo guardato male perché la vendeva. Le stesse parole che due anni avanti, sul piazzale di Porta Romana, m'erano state dette in perfetto italiano da un giovanissimo figlio di Allah che mi aveva agguantato un seno e che io avevo sistemato con la solita pedata nei coglioni. «Conosco-i-miei-diritti». Non paghi di tutto ciò pretendono sempre più moschee, loro che nei propri paesi non fanno costruire neanche una chiesetta e che appena possibile ammazzano le monache e i missionari. E guai se il cittadino protesta, guai se gli risponde quei-diritti-vai-ad-esercitarli-a-casa-tua. Guai se camminando tra la merce che blocca il passaggio un pedone gli sfio-

ra la presunta scultura del Bernini. «Razzista, razzista!». Guai se un Vigile Urbano gli si avvicina e
azzarda: «Signor figlio di Allah, Eccellenza, le di-
spiacerebbe spostarsi un capellino per lasciar pas-
sare la gente?». Se lo mangiano vivo. Lo azzan-
nano peggio dei cani mordaci. Come minimo gli
insultano la mamma e la progenie. E la gente ta-
ce rassegnata, intimidita, ricattata dalla parola
«razzista». Non apre bocca nemmeno se gli gridi
ciò che il mio babbo urlava durante il fascismo:
«Ma non ve ne importa nulla della dignità, peco-
roni? Non ce l'avete un po' d'amor proprio, razza di conigli?».

Succede anche nelle altre città, lo so. A
Torino, per esempio. Quella Torino che fece l'Italia e che ormai non sembra nemmeno una città
italiana. Sembra Dacca, Nairobi, Damasco, Beirut. A Venezia. Quella Venezia dove i piccioni di
piazza San Marco sono stati sostituiti dai tappetini con la «merce» che perfino Otello (e va da sé
che Otello era un gran signore, un uomo elegante e di buon gusto) prenderebbe a calci. A Genova. Quella Genova dove i meravigliosi palazzi che
Rubens ammirava tanto sono stati sequestrati da
loro e deperiscono come belle donne violentate.
A Roma. Quella Roma dove il cinismo della politica d'ogni menzogna e d'ogni colore li corteggia
nella speranza d'ottenerne il futuro voto. E dove

a proteggerli c'è lo stesso Papa. (Santità, perché in nome del Dio Unico non se li prende in Vaticano? A condizione che non smerdino anche la Cappella Sistina e le statue di Michelangelo e i dipinti di Raffaello: s'intende). Mah! Ora son io che non capisco. Anziché figli-di-Allah in Italia li chiamano «lavoratori stranieri». Oppure «mano-d'opera-di-cui-v'è-bisogno». E sul fatto che alcuni di loro lavorino, non v'è alcun dubbio. Gli italiani son diventati talmente signorini. Vanno in vacanza alle Seychelles, passano il Natale a Parigi, hanno la baby-sitter inglese e la domestica di colore, si vergognano a fare gli operai e i contadini. Non puoi più associarli col proletariato, insomma, e qualcuno che lavora per loro deve pur esserci. Ma quelli di cui parlo, che lavoratori sono? Che lavoro fanno? In che modo suppliscono al bisogno della mano d'opera che l'ex proletariato italiano non fornisce più? Bivaccando nella città col pretesto della merce-da-vendere, droga e prostitute incluse? Bighellonando e deturpando i nostri monumenti? Ubriacandosi sui sagrati delle chiese, dicendo oscenità alle antiche signore che camminan per strada, agguantandogli il seno, conosco-i-miei-diritti? E poi c'è un'altra cosa che non capisco. Se son tanto poveri, chi glieli dà i soldi per il viaggio sulla nave o sul gommone che li porta in Italia? Chi glieli dà i dieci milioni a testa (come minimo, dieci milioni) necessari a pagarsi il viaggio? Non glieli daranno mica gli Usama Bin Laden allo scopo di stabilire teste di ponte anche in Italia e reclutar meglio i terroristi di Al Qaida? Non glieli daranno mica i prìncipi della Casa Reale Saudita allo scopo d'avviare una conquista che non è tanto una conquista di anime quanto una conquista di territorio uguale a quella che per oltre sette secoli avvenne nella penisola iberica? Figliano troppo, oltretutto. Gli italiani non fanno più bambini, brutti scemi. Loro, invece, non fanno che figliare. Moltiplicarsi. No, questa storia non mi convince. E sbaglia chi la prende alla leggera o con ottimismo. Sbaglia, in particolare, chi paragona l'ondata migratoria che s'è abbattuta sull'Italia e sull'Europa con quella che s'abbatté sull'America nella seconda metà dell'Ottocento. Anzi verso la fine dell'Ottocento e all'inizio del Novecento. Ora ti dico perché.

* * *

Non molto tempo fa mi capitò di captare una frase pronunciata da uno dei diecimila presidenti del Consiglio di cui l'Italia s'è onorata in pochi decenni. «Eh, anche mio zio era un emigrante! Io lo ricordo mio zio che con la valigetta di fibra partiva per l'America!». O qualcosa del genere. Eh, no, caro ex presidente del Consiglio. No. Non è affatto la stessa cosa. E non lo è per due motivi abbastanza semplici che i non-informati ignorano e che gli informati fingono di ignorare per convenienza o malafede. Il primo è che nella seconda metà dell'Ottocento l'ondata migratoria in America non avvenne in maniera clandestina e per prepotenza di chi la effettuava. Furono gli americani stessi a volerla, sollecitarla. E per un preciso atto del Congresso. «Venite, venite, ché abbiamo bisogno di voi. Se venite, vi si regala un bel pezzo di terra». Ci hanno fatto anche un film, gli americani. Quello col crudele finale in cui i disgraziati corrono e muoiono per piantare la bandierina sul terreno che diventerà loro. Ch'io sappia, in Italia non c'è mai stato un atto del Parlamento che invitasse anzi sollecitasse i nostri ospiti a lasciare i loro paesi. Venite-venite-ché-abbiamo-tanto-bisogno-di-voi. Se-venite-vi-regaliamo-un-poderino-nel-Chianti-o-nella-Valpadana. Da noi ci sono venuti e vengono di propria iniziativa con le maledette navi, coi maledetti gommoni, e nonostante i finanzieri che cercavano di rimandarli indietro. (Ora, no. Per non passar da razzisti ora vanno addirittura a raccattarli, prendere i pargoli in braccio. Anziché finanzieri sembrano Dame della San Vincenzo de' Paoli a cui manca solo il cappellino con la veletta). Più che d'una emigrazione s'è trattato dunque d'una invasione condotta all'insegna della clandestinità. Una clandestinità che inquieta perché non è pacifica e dolorosa come quella dei nostri emigranti d'un secolo fa. È tracotante, prepotente, e protetta dal cinismo dei politici che chiudono un occhio. Magari tutti e due. Io non dimenticherò mai i comizi con cui l'anno scorso i clandestini riempiron le piazze d'Italia per ottenere i permessi di soggiorno. Quei volti distorti, cattivi, ostili. Quei pugni alzati, minacciosi, pronti a colpire chi li ospitava. Quelle voci irose che mi riportavano alla Teheran di Khomeini. Non li dimenticherò mai perché, oltre a sentirmi offesa dalla loro prepotenza in casa mia, mi sentivo beffata dai ministri che ci dicevano: «Vorremmo rimpatriarli ma non sappiamo dove si nascondono». Stronzi! In quelle piazze ve n'erano migliaia, e non si nascondevano affatto. Per rimpatriarli sarebbe bastato metterli in fila, prego-gentile-signore-s'accomodi, accompagnarli ad un porto o aeroporto e rispedirli ai loro paesi.

Il secondo motivo, caro ex presidente del Consiglio e nipote dello zio con la valigetta di fibra, lo capirebbe anche uno scolaro delle elementari. E per facilitarLe il compito Le fornisco un paio di elementi. Uno: l'America è un continente. E nella seconda metà dell'Ottocento cioè quando il Congresso Americano dette il via all'immigrazione, questo continente era quasi spopolato. Il grosso della popolazione si condensava negli Stati dell'Est ossia gli Stati dalla parte dell'Oceano Atlantico, nel Midwest ossia nelle regioni centrali v'erano soltanto alcune tribù di pellerossa e qualche famiglia di pionieri, nel Far West non c'era quasi nessuno. Infatti la corsa al Far West era appena incominciata e la California era quasi vuota. Bè, l'Italia non è un continente. È un paese molto piccolo e tutt'altro che spopolato. Due: l'America è un paese assai giovane. Se pensa che la sua Guerra d'Indipendenza si svolse alla fine del 1700, ne deduce che ha appena duecento anni e capisce perché la sua identità culturale non è ancora definita. L'Italia, al contrario, è un paese molto vecchio. La sua storia dura, in sostanza, da circa tremila anni. La sua identità culturale è molto precisa e bando alle chiacchiere: da duemila anni non prescinde da una religione che si chiama religione cristiana e da una chiesa che si chiama Chiesa Cattolica. La gente come me ha un bel dire: io-con-la-chiesa-cattolica-non-c'entro. C'entro, ahimè, c'entro. Che mi piaccia o no, c'entro. E come farei a non entrarci? Sono nata in un paesaggio di chiese, conventi, Cristi, Madonne, Santi. La prima musica che ho udito venendo al mondo è stata la musica delle campane. Le campane di Santa Maria del Fiore che all'epoca della Tenda la vociaccia sguaiata del muezzin soffocava. È in quella musica, in quel paesaggio, che sono cresciuta. È attraverso quella musica e quel paesaggio che ho imparato cos'è l'architettura, cos'è la scultura, cos'è la pittura, cos'è l'arte, cos'è la conoscenza, cos'è la bellezza. È attraverso quella chiesa (presto rifiutata ma inevitabilmente rimasta dentro di me cioè dentro la mia cultura) che ho incominciato a chiedermi cos'è il Bene, cos'è il Male, se il Padreterno esiste o non esiste, e perdio...

Ecco: ho scritto un'altra volta «perdio». Con tutto il mio laicismo, tutto il mio ateismo, son così intrisa di cultura cattolica che essa fa addirittura parte del mio modo d'esprimermi. «Oddio, mioddio, graziaddio, perdio, Gesù mio, Dio mio, Madonna mia, Cristo qui, Cristo là». Mi vengon così spontanee, queste parole, che non m'accorgo nemmeno di pronunciarle o di scriverle. E vogliamo dirla tutta? Sebbene al cattolicesimo non abbia mai perdonato le infamie che m'ha imposto per secoli (incominciando dall'Inquisizione che nel 1500 m'ha pure bruciato una nonna, povera nonna), sebbene coi preti io non ci vada d'accordo e delle loro preghiere non sappia che farne, la musica delle campane mi piace tanto. Mi accarezza il cuore. Mi piacciono pure quei bei Cristi e quelle belle Madonne e quei bei Santi dipinti. Infatti ho la mania delle icone. Mi piacciono pure i monasteri e i conventi. Infatti mi danno un gran senso di pace e spesso invidio chi ci sta. E poi, ammettiamolo, le nostre cattedrali son più belle delle moschee e delle sinagoghe. Sì o no? Sono più belle anche delle chiese protestanti. Il cimitero della mia famiglia è un cimitero protestante. Accoglie i morti di tutte le religioni ma è protestante. E una mia bisnonna era valdese. Una mia prozia, evangelica. La bisnonna valdese non l'ho conosciuta, purtroppo. È morta piuttosto giovane. La prozia evangelica, sì. Quand'ero bambina mi portava sempre alle funzioni della sua chiesa in via de' Benci a Firenze, e... Dio, quanto m'annoiavo! Mi sentivo talmente sola con quei fedeli che cantavano i salmi e basta, quel prete che non era un prete e leggeva la Bibbia e basta, quella chiesa che non mi sembrava una chiesa e che a parte un piccolo pulpito aveva un gran crocifisso e basta. Niente angeli, niente Madonne, niente ceri, niente candele, niente incenso... Mi mancava perfino il puzzo dell'incenso, e avrei voluto trovarmi nella vicina basilica di Santa Croce dove certe cose le avevi in abbondanza. Le cose, i simbolici orpelli, a cui ero abituata. E aggiungo: nel giardino della mia casa di campagna, in Toscana, v'è una minuscola cappella. Sta sempre chiusa. Dacché la mamma è morta non ci va nessuno. Però a volte io ci vado a spolverare, a controllare che i topi non ci abbiano fatto il nido, e nonostante la mia educazione laica mi ci sento a mio agio. Nonostante il mio mangiapretismo, mi ci muovo con disinvoltura. E credo che la stragrande maggioranza degli italiani confesserebbe la medesima cosa. A me la confessò Berlinguer. Santo Cielo, (rieccoci), sto dicendo che noi italiani non siamo nelle condizioni degli americani: recente mosaico di gruppi etnici e religiosi, disinvolto guazzabuglio di mille lingue e di mille religioni e di mille culture, nel medesimo tempo aperti ad ogni invasione e in grado di respingerla. Sto dicendo che, proprio perché è definita da molti secoli e molto precisa, la nostra identità culturale non può sopportare un'ondata migratoria composta da persone che in un modo o nell'altro vogliono cambiare il nostro sistema di vita. I nostri principii, i nostri valori. Sto dicendo che da noi non c'è posto per i muezzin, i minareti, i falsi astemi, il fottuto chador e l'ancor più fottuto burkah. E se ci fosse, non glielo darei. Perché equivarrebbe a buttar via Dante Alighieri, Leonardo da Vinci, Michelangelo, Raffaello, il Rinascimento, il Risorgimento, la libertà che abbiamo bene o male conquistato, la democrazia che abbiamo bene o male instaurato, il benessere che abbiamo indubbiamente raggiunto. Equivarrebbe a regalargli la nostra Patria, l'Italia. E l'Italia io non gliela regalo.

Col che eccoci a un punto che mi preme chiarire una volta per sempre. E qui proprio tutti devono sturarsi bene le orecchie.

* * *

Io sono italiana. Sbagliano gli sciocchi che mi credono ormai americana. Io la cittadinanza americana non l'ho mai chiesta. Quando un ambasciatore americano me la offrì sul Celebrity Status, lo ringraziai e gli risposi pressappoco così: «Sir, io all'America sono assai legata. Ci litigo sempre, la rimprovero sempre, e molte cose in lei mi disturbano. Le sue rozzezze, le sue ignoranze, il suo manicheismo. Ed anche la costante esibizione di sesso e di violenza a cui i suoi schermi ci hanno abituato, anche lo spreco di ricchezza a cui la sua opulenza ci ha avvezzato. Eppure le sono profondamente legata. L'America è per me un amante anzi un marito pieno di difetti al quale resterò sempre fedele. (Ammesso che non mi faccia le corna). Voglio bene a questo amante, a questo marito. Mi è simpatico. Ammiro la sua genialità, la sua sfrontatezza, il suo ottimismo, la sua fiducia in sé stesso e nel futuro, la deferenza che ha per la Plebe Riscattata. Rispetto il suo successo senza precedenti cioè il fatto che in appena due secoli sia riuscito a diventare il primo della classe: il paese a cui tutti si ispirano, a cui tutti ricorrono, per cui tutti provano invidia anzi gelosia. E non dimentico mai che se questo marito non avesse vinto la guerra contro Hitler e Mussolini, oggi parlerei tedesco. Non dimentico mai che se non avesse tenuto testa all'Unione Sovietica, oggi parlerei russo. Inoltre di lui mi piace l'indiscussa e indiscutibile generosità. Ad esempio il fatto che quando arrivo a New York e porgo il passaporto col Certificato di Residenza, il doganiere mi dica con un gran sorriso: "Welcome home. Benvenuta a casa". Mi sembra un gesto così cavalleresco, così affettuoso. Mi ricorda che l'America è sempre stata l'ospizio, l'orfanotrofio, della gente senza patria. Ma io la patria ce l'ho già, signor ambasciatore. La mia Patria è l'Italia e io amo l'Italia. L'Italia è la mia mamma, sicché mi sembrerebbe di rinnegare la mamma a prendere la cittadinanza americana». Gli risposi anche che la mia lingua è l'italiano, che in italiano scrivo, che in inglese mi traduco e basta. Nello stesso spirito in cui mi traduco in francese, cioè sentendolo una lingua straniera. Familiare, sì, tuttavia straniera. E poi gli risposi che quando ascolto l'Inno di Mameli mi commuovo. Che a udire quel Fratelli-d'Italia, l'Italia-s'è-desta, parapà-parapà-parapà, mi viene il nodo alla gola. Non mi accorgo nemmeno che come inno è bruttino e che lo suonano quasi sempre male. Penso solo: è l'inno della mia Patria.

Del resto il nodo alla gola mi vien pure a guardare la bandiera bianca rossa e verde. La bandiera italiana che sventola. (Teppisti degli stadi a parte, ovvio). Io ho una bandiera bianca rossa e verde dell'Ottocento. Tutta piena di macchie, macchie di sangue, credo, tutta rosa dai topi. E sebbene al centro vi sia lo stemma sabaudo, (ma senza Cavour e senza Vittorio Emanuele II e senza Garibaldi che a quello stemma si inchinò noi l'Unità d'Italia non l'avremmo fatta per niente), la custodisco come un gioiello. Siamo morti per quel tricolore, perdio! Impiccati, fucilati, decapitati. Ammazzati dagli austriaci, dal Papa, dal Duca di Modena, dai Borboni. Ci abbiamo fatto il Risorgimento, con quel tricolore. Ci abbiamo fatto le Guerre d'Indipendenza. Ci abbiamo fatto l'Unità d'Italia e Cristo! Non lo ricorda nessuno che cosa è stato il Risorgimento?!? È stato il risveglio della nostra dignità perduta con secoli di invasioni e di umiliazioni. È stato la rinascita delle nostre coscienze, del nostro amor proprio, del nostro orgoglio avvilito dagli stranieri. Dai francesi, dagli austriaci, dagli spagnoli, dai papacci, dai principotti di qua e di là! Non lo ricorda nessuno che cosa sono state le nostre Guerre d'Indipendenza?!? Sono state assai più di ciò che per gli americani fu la loro Guerra d'Indipendenza! Perché loro avevano un nemico solo, un padrone solo, da combattere. L'Inghilterra. Noi invece avevamo tutti quelli che il Congresso di Vienna s'era divertito a restaurare in casa nostra dopo averci squartato di nuovo come un pollo arrosto! Non lo ricorda nessuno che cosa è stata l'Unità d'Italia, i fiumi di sangue che c'è costata?!? Quando festeggiano la loro vittoria sull'Inghilterra e alzano la loro bandiera e cantano «God bless America» gli americani si mettono la mano sul cuore, perdio! Sul cuore! E noi non si festeggia un cazzo, la mano non si mette in nessun posto, anzi qualcuno vorrebbe metterla non ti dico dove!

Ci abbiamo fatto anche la guerra sul Carso e la Resistenza con quella bandiera, con quel tricolore. Per quel tricolore il mio trisnonno materno Giobatta combatté a Curtatone e Montanara. Rimase orrendamente sfregiato da un razzo austriaco, e dagli austriaci dieci anni dopo venne seviziato. Azzoppato. Per quel tricolore i miei zii paterni sopportarono ogni pena dentro le trincee del Carso. Per quel tricolore mio padre venne arrestato e torturato a Villa Triste dai nazi-fascisti. Per quel tricolore la mia intera famiglia fece la Resistenza e l'ho fatta anch'io. Nelle file di Giustizia e Libertà, col nome di battaglia Emilia. Avevo quattordici anni e quando l'anno dopo mi congedarono dall'Esercito Italiano-Corpo Volontari della Libertà con la qualifica di soldato semplice, mi sentii così fiera. Così insuperbita. Perbacco, avevo combattuto per il mio paese, per la libertà del mio paese ero stata un soldato italiano! Infatti quando venni informata che col congedo mi spettavano 15.670 lire, non sapevo se accettarle o no. Mi pareva scorretto accettarle per aver fatto il mio dovere verso la Patria. Poi le accettai. In casa eravamo tutti senza scarpe. E con quei soldi ci comprai le scarpe per me e per le mie sorelline. (Il babbo e la mamma, no. Non le vollero).

* * *

Naturalmente la mia patria, la mia Italia, non è l'Italia d'oggi. L'Italia godereccia, furbetta, volgare, degli italiani che (come gli altri europei, intendiamoci) pensano solo ad andare in pensione prima dei cinquant'anni e che si appassionano solo per le vacanze all'estero o le partite di calcio. L'Italia meschina, stupida, vigliacca, delle piccole iene che pur di stringer la mano a un divo o a una diva di Hollywood venderebbero la figlia a un bordello di Beirut ma se i kamikaze di Usama Bin Laden riducono migliaia di newyorkesi a una montagna di cenere che sembra caffè macinato sghignazzano bene-agli-americani-gli-sta-bene. (Anche qui come gli altri europei, intendiamoci, ma il discorso sull'Europa lo faremo dopo). L'Italia opportunista, doppiogiochista, imbelle, dei partiti presuntuosi e incapaci che non sanno né vincere né perdere però sanno come incollare i grassi posteriori dei loro rappresentanti alla poltroncina di deputato o di sindaco o di ministro. L'Italia ancora mussolinesca dei fascisti neri e rossi che ti inducono a ricordare la terribile battuta di Ennio Flaiano: «In Italia i fascisti si dividono in due categorie: i fascisti e gli antifascisti». L'Italia, infine, degli italiani che con lo stesso entusiasmo gridano Viva-il-re e Viva-la-repubblica, Viva-Mussolini e Viva-Stalin, Viva-il-Papa e Viva-chi-càpita, Francia-o-Spagna-purché-si-magna. Quegli italiani che con la stessa disinvoltura passano da un partito all'altro, anzi si fanno eleggere da un partito e una volta onorevoli (onorevoli?!?) passano al partito avversario. Accettano la poltrona ministeriale del partito avversario. Insomma l'Italia dei voltagabbana. Dio, quanto mi fanno schifo i voltagabbana! Quanto li odio, quanto li disprezzo! I voltagabbana in Italia sono sempre esistiti in abbondanza: d'accordo. Io mi diletto di Storia, e so bene che gli italiani son sempre stati voltagabbana. Per rendersene conto basta ricordare come si comportavano i sindaci toscani al tempo degli Asburgo-Lorena. Come saltavano dal Granduca a Napoleone e da Napoleone al Granduca.

Però mai quella sconcezza ha raggiunto le vette disgustose di oggi. E la cosa più tremenda sai qual è? È che, essendovi abituati, gli italiani non se ne scandalizzano affatto. Anzi si meravigliano se uno resta fedele alle sue idee. Anni fa mi capitò di raccontare a un celebre tuttologo e predicatore di democrazia che facendo una ricerca sulla mia famiglia avevo scoperto una cosa stupenda: sia nel ramo materno sia nel ramo paterno nessuno era stato iscritto al Partito Nazionale Fascista. L'unico fascista era stato il marito di una zia alla quale, per questo, i fratelli e le sorelle avevano praticamente tolto il saluto. Così gli raccontai che sebbene conoscessi le storie del babbo malmenato, dello zio purgato, del nonno minacciato, quella conferma m'aveva reso ebbra d'orgoglio. E lo sai che mi rispose il tuttologo predicatore di democrazia? Mi rispose: «Si vede che vivevano sulla Luna!». Parole cui replicai: «No, caro Lei. Vivevano al Pronto Soccorso o in galera. Cioè nella loro coscienza». Ma se mi metto a elencare le Italie che non sono le mie Italie, le Italie che non amo, che mi fanno soffrire, non la finisco più. (Avrai notato che per amor di patria non ho parlato dell'Italia con cui avrei dovuto incominciare... Cioè l'Italia sudiciona, avvilente, rivoltante della mafia. Quella mafia per cui siamo ancora additati e spernacchiati in tutto il mondo).

Bè, voglio provarci lo stesso. Nel modo

più sbrigativo possibile, scegliendone qualcuna e basta. L'Italia, ad esempio, degli ex comunisti che per quarant'anni (ma dovrei dire cinquanta, visto che incominciarono quand'ero giovanissima) hanno riempito di lividi la mia anima. Mi hanno offeso con la loro prepotenza, la loro boria, la loro presunzione, il loro terrorismo intellettuale, senza contar lo scherno che gettavano addosso a chiunque non la pensasse come loro. Sicché chiunque non fosse comunista veniva considerato un reazionario nonché un cretino, un troglodita, e in più un servo degli americani. (Scritto amerikani). Quei preti rossi che mi trattavano come un'Infedele, (oddio quanti preti mi sono dovuta sorbire in questa vita), ma che appena caduto il Muro di Berlino cambiarono tono. Smarriti come pulcini che non possono più rifugiarsi sotto le ali della madre-chioccia cioè dell'Unione Sovietica, finsero di compiere un esame di coscienza. Spaventati come parroci che temono di perdere la parrocchia e con la parrocchia i privilegi acquisiti, coi privilegi acquisiti il sogno di diventare arcivescovi, si misero a fare i liberali. Anzi a dar lezioni di liberalismo. Manco il Muro di Berlino l'avessero buttato giù loro. Sicché oggi recitano la parte di buonisti e sia nel loro partito che nelle loro alleanze si rifanno a nomi di carattere vegetale o floreale, querce e ulivi e margherite, nonché all'immagine d'un ciuco. Animale uso a ragliare, ch'io sappia, non certo a simboleggiare l'intelligenza. Sfoggiando il presunto buonismo vengono a New York per comprare le camicie da Brooks Brothers e i lenzuoli da Bloomingdale's, celebrano congressi all'ombra d'un motto anglo-americano. Un motto che sembra la reclame d'un detersivo: «*I care*». E pazienza se gli operai che sventolavano i fiumi di bandiere rosse, i laghi di bandiere rosse, l'inglese non lo sanno. Pazienza se il mio falegname che è un vecchio e onesto comunista fiorentino non capisce cos'è quell'*I care*. Lo legge *Icare*, crede che si tratti di Icaro cioè quello a cui piaceva volare però a volare gli si scioglievan le ali, e tutto confuso mi chiede: «Sora Fallaci, ma icchè c'entra Icharo?!?». Ergo, devo spiegargli che non c'entra. Che *I care* non vuol dire Icaro: è un verbo anzi un motto anglo-americano, vuol dire *a-me-importa*. E allora lui s'arrabbia. «Vorrei sapere chi l'è qui' bischero che ha inventato questa coglionata!». Non mi danno neanche più di cretina, reazionaria eccetera, gli ex preti rossi. A volte dicono perfino le cose che dicevo io quando mi davano di cretina, reazionaria eccetera. E ch'io sappia il loro quotidiano non mi aggredisce più (ma presto lo farà) con i vituperi, le perfidie gratuite, le vergognose calunnie che per oltre quarant'anni mi vomitò addosso nella fascistica rubrica «Il fesso del giorno» poi divenuta «Il dito nell'occhio». I settimanali delle non estinte parrocchie, idem. (Parentesi. Dopo il mio viaggio ad Hanoi cioè quando rischiavo la vita in Vietnam, una nota giornalista d'un noto settimanale comunista mi dedicò una serie di articoli malvagi e sai perché? Perché avevo scritto che nel Nord lo stalinismo soggiogava i suoi sudditi anche nelle piccole cose quotidiane. Ad esempio obbligandoli a fare pipì e popò separatamente ed usando la popò non mischiata all'urina come concime. Oppure perseguitando quelli non comunisti con tale ferocia che un giorno un vecchio Viet-minh di Dien-Bien-Phu s'era messo a piangere sulla mia spalla: «Madame, vous ne savez pas comme nous sommes traités ici, Madame...». E sai qual era il titolo che la stronza aveva dato alla serie di articoli, titolo che ad ogni puntata si stendeva su due pagine? «La Signorina Snob va in Vietnam». Chiusa la parentesi). No, almeno per ora non lo fanno più. E tutti si sono dimenticati che me lo facevano. Però io non me ne sono dimenticata e carica di sdegno chiedo: «Chi me li restituisce quei quarant'anni e passa di lividi sull'anima, di oltraggi al mio onore?». Tempo fa lo chiesi a un ex comunista dell'ex Federazione Giovanile Comunista Italiana: l'azienda di collocamento dalla quale sono usciti tutti o quasi tutti i ministri o primi-ministri o sindaci di sinistra che affliggono o hanno afflitto il paese. Gli ricordai che il fascismo non è un'ideologia, è un comporta-

mento, e gli chiesi: «Chi me li restituisce quei quarant'anni?». Poiché oggi posa da liberale, da au-
tentico progressista, mi illudevo che si scusasse.
Credevo che col cuore in mano mi rispondesse:
«Perdona». Invece sghignazzò e rispose: «Facci
causa!». Parole da cui deduco che veramente il lupo perde il pelo non il vizio, e grazie alle quali con-
fermo che no: la loro Italia non è, non sarà mai, la
mia Italia.

* * *

Non è nemmeno l'Italia dei loro avversari:
sia chiaro. Infatti i loro avversari io non li voto, e va
da sé che da moltissimi anni io non voto per nessuno. Confiteor al quale mi costringo con angoscia
poiché il non-voto è, sì, un voto: un voto legale e le-
gittimo, un voto per dire andate-tutti-all'Inferno.
Ma è anche il voto più triste, più tragico, che esista.
Il voto straziante del cittadino che non si riconosce
in nessuno, che non si fida di nessuno, che di con-
seguenza non sa da chi farsi rappresentare e si sen-
te abbandonato defraudato solo. Solo come me. Io
soffro tanto quando in Italia ci sono le elezioni.
Non faccio che fumare, bestemmiare, ripetermi:
Cristo, siamo stati in galera, siamo morti, per riave-
re il voto! I nostri compagni sono stati fucilati o eli-

minati nei campi di concentramento. E io non voto... Soffro, sì. E maledico il mio rigore, la mia irre-
movibilità, la mia superbia. Quasi invidio chi sa
adattarsi, all'occorrenza piegarsi, comunque scendere a un compromesso e votare qualcuno che gli
sembri meno peggio degli altri. (Quando c'è un re-
ferendum, invece, a votare ci vado. Perché nei refe-
rendum non devo beneficiare uomini o donne in
cui non mi riconosco, da cui rifiuto d'essere rap-
presentata. Il processo democratico, lì, si svolge senza intermediari. «La vuoi la monarchia?». «No».
«La vuoi la repubblica?». «Sì». «Li vuoi i cacciato-
ri sotto casa che ammazzano gli uccellini?». «Perdio, no». «La vuoi una legge che protegga la privacy?». «Perdio, sì»). E detto questo lascia che ri-
volga un discorsino al leader di quegli avversari.

Discorsino. Egregio signor cavaliere, io
lo so che a udire quel che dico sugli ex comunisti
Lei ingrassa, gongola come una sposa felice. Ma
non sia impaziente, La prego. Ce n'è anche per
Lei. L'ho fatta aspettare tanto, L'ho tenuta sulle
spine, solo perché Lei non appartiene a quei quarant'anni e passa di dispiaceri. Nei miei riguardi
Lei è proprio innocente. Inoltre non La conosco
da oltre mezzo secolo cioè bene come conosco loro. È un novellino, Lei, una novità. Proprio quando di politica (parola a me sacra, se non l'ha già
capito) non volevo più sentirne parlare, Lei è ap-

parso. Nella politica è sbucato allo stesso modo in cui certe piante sbucano nell'orto o nel giardino, sicché le guardi confuso e ti chiedi: «Che roba è? Un ravanello? Un'ortica?». Da allora La osservo con curiosità e perplessità, senza poter decidere se Lei è un ravanello o un'ortica, tuttavia pensando che se è un ravanello non è un gran ravanello e se è un'ortica non è una grande ortica. Del resto anche Lei ha l'aria di nutrir tale dubbio, non prendersi troppo sul serio. Almeno con la bocca, (con gli occhi assai meno), Lei ride sempre. Perfino quando non esiste alcun motivo per ridere, Lei ride come se sapesse che il Suo successo in politica è una stravagante e immeritata casualità, uno scherzo della Storia, una bizzarra avventura della Sua fortunatissima vita. E premesso ciò mi consenta (uso il Suo linguaggio, vede) d'esporre quel che in Lei non mi piace. Bè, non mi piace, ad esempio, la Sua mancanza di buon gusto e d'acume. Il fatto, ad esempio, che tenga tanto ad essere chiamato Cavaliere. Non si tratta davvero d'un titolo raro e importante, mi creda. L'Italia produce più cavalieri e commendatori che beceri e voltagabbana. Una volta, in quel mucchio, un Presidente della Repubblica voleva inserire anche me. Per impedirglielo dovetti fargli sapere che, se ci provava, lo querelavo per diffamazione. Eppure Lei lo porta con molta fierezza, quel titolo. Quasi fosse una medaglia d'oro o uno stemma feudale. E visto che anche Mussolini se ne fregiava, visto che Lei tiene alla Libertà, quel «cavaliere» mi sembra un errore politico. Mi sembra anche buffo. E un capo di governo non può permettersi d'essere buffo. Se lo è, ridicolizza il Paese. Non mi piace nemmeno la Sua mancanza di tatto, anzi la leggerezza con cui ha scelto il nome del Suo partito. Un nome che evoca il bercio con cui i tifosi ci assordano durante le partite internazionali di calcio. E la cosa mi offende, mi addolora, quanto mi offendevano e mi addoloravano le malvagità dei comunisti. Anzi quasi di più, perché stavolta la ferita non è inferta a me personalmente: è inferta alla mia Patria. Lei non ha alcun diritto di usare per il Suo partito il nome della mia Patria. La Patria è la patria di tutti, anche dei Suoi concorrenti e dei Suoi nemici. Non ha alcun diritto di identificare l'Italia con le dannate squadre di calcio, coi dannatissimi stadi. Per un simile abuso il mio trisnonno Giobatta L'avrebbe sfidata a duello con la spada di Curtatone e Montanara. I miei zii, con le baionette del Carso. Mio padre L'avrebbe presa a pugni, mia madre Le avrebbe cavato gli occhi. Quanto a me, ogni volta che vedo quel nome da partita di calcio internazionale, mi va il sangue al cervello. Ma chi gliel'ha suggerito?!? Il Suo cameriere, il Suo autista?

E poi non mi piace la mancanza di serietà che dimostra col Suo vezzo di raccontar barzellette. Io odio le barzellette, oddio quanto odio le barzellette, e ritengo che un leader anzi un capo di governo non debba raccontare le barzellette cioè fare politica con le barzellette. Signor cavaliere, sa che cosa significa la parola Politica? Sa da dove viene? Viene dal greco ΠΟΛΙΤΙΚΗ e significa Scienza dello Stato. Significa Arte di Governare, di Amministrare il Destino d'una Nazione. E Le pare che ciò vada d'accordo con le barzellette?!? Quando odo le Sue, soffro quasi più di quanto soffra ad ascoltare la vocetta mielata e le tarantelle anguillesche del non simpatico Chirac. Mi dispero, penso: «Cristo! Ma non lo capisce, quest'uomo, che gli italiani lo hanno votato per disperazione cioè perché non ne potevan più dei suoi predecessori, perché erano stufi anzi arcistufi d'esser presi pei fondelli da loro? Non lo capisce che dovrebbe accendere un cero alla Madonna, comportarsi seriamente, far di tutto per mostrarsi degno del terno al lotto che gli è caduto tra capo e collo?!?». Infine non mi piacciono certi alleati che ha scelto. Le camicie verdi del mi-sun-lumbard che non sa neanche quali sono i colori del tricolore, e i nipotini di quelli che portavano la camicia nera. Loro dicono di non essere più fascisti e chissà: forse è vero. Ma io non mi fido di chi venendo dal partito comunista dice di non essere più comunista, quindi figuriamoci se mi fido di chi venendo da un partito neo-fascista dice di non essere più fascista. E detto ciò passiamo al sodo.

Avrà notato, signor cavaliere, che io non Le rinfaccio la Sua ricchezza. Non mi unisco al coro di chi vede in essa la Sua colpa maggiore. Per niente. Secondo me negare a un uomo ricco il diritto di entrare in politica è antidemocratico, demagogico, illegale. In Italia è anche profondamente imbecille. Su questa faccenda, infatti, io la penso come Alekos Panagulis che quando un leader o un capo di governo era ricco diceva: «Meglio! Così non ruba. Non ha bisogno di rubare». Del resto anche i tanto osannati Kennedy erano e sono scandalosamente ricchi. Io non Le rinfaccio neanche il particolare di possedere tre canali televisivi, anzi trovo burattinesche le preoccupazioni dei Suoi avversari. Anzitutto perché quello a Lei così impudicamente e pateticamente devoto tutto mi sembra fuorché un pericolo, e quello che cerca di imitarlo idem. Poi perché l'altro, cioè quello ben condotto e di successo, La maltratta in modo così inverecondo che sembra appartenere non a Lei bensì ai partiti coi nomi vegetali o floreali. Insomma ai Suoi avversari. In ogni caso i Suoi avversari hanno talmente in pugno il mondo dell'informazione televisiva e cartacea, influenzano così sfacciatamente il paese con la loro faziosa propaganda, che su tale argomento farebbero bene a tenere il becco chiuso. No, no: la colpa che Le rinfaccio è un'altra. Eccola. Ho letto che sia pure in modo grezzo e inadeguato Lei mi ha, ahimè, preceduto sulla difesa della cultura occidentale. Ma appena le cicale di lusso Le sono saltate alla gola, razzista-razzista, ha fatto marcia indietro. Ha parlato o lasciato parlare di «gaffe». Ha umilmente offerto ai figli di Allah le Sue scuse. Ha inghiottito l'affronto del loro rifiuto. Ha subìto senza fiatare le ipocrite rampogne dei Suoi colleghi europei nonché la scapaccionata di Blair. Insomma s'è preso paura. E ciò non va bene. Se a capo del governo ci fossi stata io, glielo assicuro, me li sarei mangiati tutti con la mostarda e il signor Blair non avrebbe osato dire ciò che ha detto a Lei. (Do you hear me, Mister Blair? I did praise you and I praise you again for standing up to the Usamas Bin Ladens as no other European leader has done. But if you play the worn-out games of diplomacy and shrewdness, if you separate the Usamas Bin Ladens from the world they belong to, if you declare that our civilization is equal to the one which imposes the chador yet the burkah and forbids to drink a glass of wine, you are no better than the Italian de-luxe cicadas. If you don't defend our culture, my culture and your culture, my Leonardo da Vinci and your Shakespeare, if you

don't stand up for it, you are a de-luxe cicada your-
self and I ask: why do you choose my Tuscany, my
Florence, my Siena, my Pisa, my Uffizi, my Tirre-
nean Sea for your Summer vacations? Why don't
you rather choose the empty deserts of Saudi Arabia, the desolate rocks of Afghanistan? I had a bad
feeling when my Prime Minister received your
scolding. The feeling that you will not go very far
with this war, that you will withdraw as soon as it
will no longer serve your political interests).

Ammenoché, signor cavaliere, Lei non si
sia rimangiato la giusta difesa della nostra cultura
per riguardo verso quel nasone col kaffiah e gli occhiali neri che risponde al nome di Sua Altezza
Reale il principe Al Walid: membro della Casa
Reale Saudita e, a quanto mi si dice, Suo socio in
affari. Ma in tal caso Le ricordo anzi ripeto che almeno metà della Casa Reale Saudita è accusata da
tutta la stampa anzi da tutti i Servizi Segreti di fi-
nanziare segretamente il terrorismo islamico. Le
ricordo che vari membri di quella famiglia sono le-
gati al Rabita Trust: l'ente-di-beneficenza che il
Ministero del Tesoro americano ha messo sulla lista nera dei finanziatori di Bin Laden, e di cui lo
stesso Bush ha parlato con sdegno. Le ricordo che
molti di loro hanno un ditino nella Fondazione
Muwafaq, altro ente-di-beneficenza che secondo il
Ministero del Tesoro americano trasferisce i fondi

a Bin Laden. Le ricordo che in Arabia Saudita gli immensi capitali di Bin Laden non sono stati a tutt'oggi bloccati e chi comanda in Arabia Saudita non è la Legge: è la Casa Reale Saudita. Le ricordo che vent'anni fa, quando i palestinesi ci ammazzavano sugli aerei e negli aeroporti, la Casa Reale Saudita finanziava con munificenza Arafat. (Me lo dichiarò l'allora Ministro del Petrolio, Ahmad Yamani, e del resto ciò non era un mistero per nessuno). Le ricordo che in Arabia Saudita il Ministero della Religione è per volere della Casa Reale affidato ai fondamentalisti più estremisti, quelli da cui Bin Laden è stato convertito, e che tale ministero costruisce in tutto il mondo moschee dove i giovani vengono reclutati per la Guerra Santa. (È successo anche in Cecenia coi risultati che conosciamo). Glielo ricordo, e il sospetto che Lei si sia rimangiato ogni cosa per riguardo al Suo socio o anche per riguardo al Suo socio mi irrita profondamente. Mi irrita, e concludo: ha ragione chi Le ricorda che governare un paese non è come dirigere un'azienda o possedere una squadra di calcio. Per essere un capo di governo ci vogliono doti che i Suoi numerosi predecessori non hanno mai dimostrato, è vero, che neanche i Suoi colleghi europei dimostrano, è vero, ma che Lei non ha certamente inaugurato. Le doti che avevano ad esempio Klemens Wenzel Lothar principe di Metternich,

Camillo Benso conte di Cavour, Benjamin Disraeli.
Ai nostri tempi, Churchill e Roosevelt e De Gaulle.
Coerenza, credibilità, conoscenza della Storia presente e passata. Stile e classe da vendere. E, soprattutto, coraggio. O, anche su quest'ultimo punto, chiedo troppo?

Forse sì. Chiedo troppo. Perché, vede, io sono nata e cresciuta in una ricchezza assai inconsueta: la ricchezza che viene dall'essere stati educati come Bobby e il sindaco Giuliani... E per spiegarmi meglio sposto il discorso su mia madre. Oh, signor cavaliere, Lei non ha idea di chi fosse mia madre. Non ha idea di ciò che abbia insegnato alle sue figlie. (Tutte sorelle, noi. Niente fratelli). Quando nella primavera del 1944 il babbo venne arrestato dai nazi-fascisti, nessuno sapeva dove fosse finito. Il quotidiano di Firenze diceva soltanto che lo avevano arrestato perché era un criminale venduto ai nemici. (Leggi Anglo-americani). Ma la mamma disse: «Io lo troverò». Andò a cercarlo di prigione in prigione poi a Villa Triste, la centrale delle torture, e riuscì addirittura a introdursi nell'ufficio del Capo. Un certo Mario Carità. Questi ammise che sì, il babbo ce lo aveva lui, e in tono beffardo aggiunse: «Signora, può vestirsi di nero. Domattina alle 6 suo marito sarà fucilato al Parterre. Noi non sprechiamo tempo in processi». Vede, io mi sono sempre chiesta in che modo avrei reagito al suo posto. E la risposta è sempre stata: non lo so. Però so come reagì la mamma. È cosa nota. Restò un attimo immobile. Fulminata. Poi, lentamente, alzò il braccio destro. Puntò l'indice contro Mario Carità e con voce ferma, dandogli del tu come se fosse un suo servo, scandì: «Mario Carità, domattina alle 6 io farò ciò che dici. Mi vestirò di nero. Ma se sei nato da ventre di donna, consiglia a tua madre di fare lo stesso. Perché il tuo giorno verrà molto presto».

Quanto a ciò che successe dopo, bè: glielo racconterò un'altra volta. Per ora Le basti sapere che il babbo non fu fucilato, che Mario Carità finì presto come la mamma gli aveva augurato, e che la Sua Italia non è la mia Italia. Non sarà mai la mia Italia.

* * *

Non è nemmeno l'Italia infingarda e smidollata, l'Italia che per Libertà intende Licenza. («Io-faccio-quel-che-cazzo-mi pare»). L'Italia che ignora il concetto di disciplina anzi di autodisciplina, e ignorandolo non lo connette al concetto di libertà: non capisce che la libertà è anche disciplina anzi autodisciplina. L'Italia che sul letto di morte mio padre descriveva con queste parole: «In Italia si parla sempre di Diritti e mai di Doveri. In Italia si finge di ignorare o si ignora che ogni Diritto comporta un Dovere, che chi non compie il proprio dovere non merita alcun diritto». E poi: «Porca miseria: non avrò mica sbagliato a pigliarmela tanto e andare in galera per gli italiani?». Con quell'Italia, l'Italia povera che ne consegue. Povera nell'onore, nell'orgoglio, nella conoscenza, e perfino nella grammatica. L'Italia, ad esempio, dei celebri magistrati e dei celebri deputati che non avendo mai sentito parlare di consecutio-temporum pontificano dagli schermi televisivi con mostruosi errori di sintassi. (Non si dice: «Se due anni fa avrei saputo». Animali! Si dice: «Se due anni fa avessi saputo». Somari! Non si dice: «Credo che è». Analfabeti! Si dice: «Credo che sia». Beoti!). L'Italia dei maestri e delle maestre, dei professori e delle professoresse da cui ricevo lettere nelle quali gli errori di sintassi sono addirittura abbinati agli errori di ortografia. Quindi se ti capita un segretario che è stato loro allievo ti ritrovi con un messaggio uguale a quello che ho sotto gli occhi. «Signora, la sua amica dice che sta *ha* Chicago». L'Italia degli studenti universitari anzi dei laureati che scambiano Mussolini per Rossellini, il-marito-della-Ingrid-Bergman. (L'hanno detto a me). Che se gli domandi cosa avveniva a Dachau e a Mauthausen ti rispondono: «Facevano le saponette». E per carità non chiedergli chi fossero i Carbonari. Ti rispondono: «Quelli che vendevano il carbone». Per carità non chiedergli chi fossero Silvio Pellico, Carlo Alberto, Massimo d'Azeglio, Federico Confalonieri, Ciro Menotti o Pio IX. E nemmeno chi fosse Cavour, chi fosse Vittorio Emanuele II, chi fosse Mazzini, che cosa fosse la Giovine Italia. Ti guardano con la pupilla spenta e la lingua pendula. Al massimo qualcuno ha orecchiato il nome di Garibaldi, (quello-che-beveva-la-marsala), e grazie a un film con Marlon Brando rammenta che Napoleone era il marito di Giuseppina. In compenso sanno drogarsi, sprecare il sabato notte nelle discoteche, comprare blue-jeans che costano quanto il salario mensile d'un operaio. Sanno farsi mantenere fino a trent'anni dai genitori che ancor più inetti di loro gli hanno regalato il telefonino quando avevano nove anni, la motoretta quando ne avevan quattordici, l'automobile quando ne avevan diciotto. (Infatti se cerchi un segretario che sostituisca quello che scrive sta-*ha*-Chicago e al candidato ventisettenne chiedi quale lavoro abbia fatto finora, lui ti risponde: «Mi faccia pensare. Ah, sì: una volta ho fatto l'istruttore di tennis. Io gioco bene a tennis»). Sanno anche affollare i comizi d'un Papa che a mio avviso ha una gran nostalgia del potere temporale e sotto sotto lo esercita con grande abilità. Sanno anche nasconder la faccia dietro i passamontagna per divertirsi a recitar la parte dei guerriglieri in tempo di democrazia cioè quando non vi sono i Carità e i Pinochet e i plotoni di esecuzione, i rivoluzionari del cazzo. I molluschi. Gli eredi dei sessantottini che sbordellavano nelle università e che oggi gestiscono Wall Street o la Borsa di Milano. E queste cose mi disgustano in maniera feroce perché la disubbidienza civile è una cosa seria, non un pretesto per divertirsi e far carriera. Il benessere è una conquista della civiltà non un pretesto per vivere a sbafo. Io sono andata a lavorare il giorno dei miei sedici anni, a diciotto mi sono comprata la bicicletta e mi sono sentita una regina. Mio padre lavorava già a nove anni. Mia madre, a dodici. E prima di morire mi disse: «Sai, son tanto contenta d'aver visto cancellare certe ingiustizie». Eh! Credeva che a non far lavorare più i bambini si fosse risolto tutto, povera mamma. Credeva che con la scuola obbligatoria e l'università accessibile a tutti (meraviglia da lei mai conosciuta, nemmeno concepita) i giovani imparassero le cose che lei non aveva imparato e avrebbe tanto voluto imparare. Credeva d'aver vinto, credeva che avessimo vinto, povera mamma. Menomale che è morta prima d'accorgersi che si sbagliava! Perché abbiamo perso, caro mio, perso. Anziché giovani colti ci ritroviamo i somari che ho detto. Anziché futuri leader, i molluschi che ho detto. E risparmiati la battuta non-sono-tutti-così, visono-anche-studenti-bravi, laureati-seri, ragazzi-e-ragazze-di-prima-qualità. Lo so bene che ci sono. Ci mancherebbe altro! Ma sono pochi, ahimè, troppo pochi. E non mi bastano. Non bastano.

Ovvio dunque che quell'Italia, anche quell'Italia, non è la mia Italia. E, inutile dirlo, ancor meno lo è l'Italia delle cicale con cui ho incominciato il discorso. Quelle cicale che dopo aver letto questi appunti mi odieranno più di quanto mi odiassero prima, che tra una spaghettata e l'altra mi malediranno. Mi augureranno di crepar presto ammazzata da qualche stinco di santo. Quelle cicale presuntuose, velenose, noiose, che nei dibattiti televisivi rompono le scatole più delle cicale vere. Fri-frì, fri-frì, fri-frì... (Ma quanto gli piace esibirsi alla televisione! Anche se sono vecchi. Ai vecchi, anzi, piace più che a chiunque altro. Ma perché? Hanno combinato così poco nella loro vita da poco? Non hanno tratto neanche una stilla di saggezza dalla loro vecchiaia?). Quelle malinconiche creature che vestite da ideologi, giornalisti, scrittori, commentatori, attori, cantanti, puttane à la page, dicono solo ciò che va di moda o ciò che gli hanno detto di dire. Ciò che gli serve per entrare o restare nel jet-set politico-intellettuale e godersi i privilegi che esso conferisce. Incluso lo sfruttamento della parola razzismo. Non sanno che cosa significa ma la sfruttano lo stesso. («Speaking of racism in relation to a religion is a big disservice to the language and to the intelligence. Parlar di razzismo a proposito di religione è un grosso disservizio alla lingua e all'intelligenza» ha dichiarato uno studioso afroamericano i cui avi erano in catene). È inutile cercar di farli ragionare, pensare, perché nel migliore dei casi reagiscono come il cretino del proverbio caro a Mao Tse Tung. «Quando gli ìndichi la Luna col dito, il cretino guarda e vede il dito. Non la Luna». E pazienza se in alcuni casi, invece, la Luna la vedono eccome. Pazienza se nel segreto del loro piccolo cuore la pensano come la penso io ma non avendo i coglioni necessari ad andare contro corrente fingono di vedere il dito. Quanto alle Super Cicale di Lusso cioè ai padroni del jet-set politico-intellettuale, a me sembrano la banda di Barras e Tallien e Fouché. Gli ex Commissari del Terrore. I responsabili dei massacri compiuti durante la Rivoluzione Francese a Lione e Tolone e Bordeaux. I girella che tradito ed eliminato Robespierre si misero a fornicare con gli aristocratici scampati alla ghigliottina e il primo inventò Napoleone, il secondo lo seguì in Egitto, il terzo lo servì fino alla caduta.

È con questa gente che vorresti vedermi cicalare quando mi rimproveri il silenzio che ho scelto, quando disapprovi la mia porta chiusa?

Ora ci metto il catenaccio alla mia porta chiusa! Anzi compro un cane mordace, e ringraziare Iddio se sul cancellino che precede la porta chiusa ci attacco un cartello con la scritta «Cave canem». Sai perché? Perché ho saputo che alcune Super Cicale di Lusso verranno presto a New York. Ci verranno in vacanza, per visitare la nuova Ercolano e la nuova Pompei ossia le Torri che non esistono più. Prenderanno un aereo di lusso, scenderanno in un albergo di lusso, lo Waldorf Astoria o il Four Seasons o il Plaza dove per una notte non si spende mai meno di seicentocinquanta dollari cioè un milione e mezzo di lire, e posate le valige correranno a guardar le macerie. Con le loro costosissime macchine fotograferanno gli avanzi dell'acciaio fuso, scatteranno suggestive immagini da mostrare nei salotti della capitale. Con le loro costosissime scarpe da due milioni al paio calpesteranno il caffè macinato, e dopo sai che faranno? Andranno a comprarsi le maschere antigas che qui i negozi vendono a chi teme l'attacco chimico e batteriologico. È chic, capisci, rientrare a Roma con la maschera antigas comprata a New York per l'attacco chimico e batteriologico. Consente di vantarsi, dire: «Sai, ho rischiato la pelle a New York!». Consente anche di lanciare una nuova moda. La moda delle Vacanze Pericolose. Prima inventarono le Vacanze Intelligenti, ora inventeranno le Vacanze Pericolose, e va da sé che le cicale di lusso o non di lusso degli altri paesi europei fanno esattamente lo stesso. Eccoci all'Europa.

Care cicale inglesi, francesi, tedesche, spagnole, olandesi, ungheresi, scandinave, eccetera eccetera amen: non gongolate troppo per i miei vituperi contro l'Italia che non è la mia Italia. I vostri paesi non sono mica migliori del mio. Nove casi su dieci ne sono, ahimè, sgomentevoli copie. Quasi tutto ciò che ho detto sugli italiani vale anche per voi che siete fatte, siete fatti, della medesima pasta. In quel senso apparteniamo davvero a una grande famiglia... Uguali le colpe, le codardie, le ipocrisie. Uguali le cecità, le meschinità, le miserie. Uguali i leader di destra e di sinistra, uguale l'arroganza dei loro seguaci. Uguale la presunzione e il voltagabbanismo e il terrorismo intellettuale. Uguale la demagogia. Per rendercene conto basta dare un'occhiata a quel fallito Club Finanziario che chiamano Unione Europea e che non si capisce a cosa serva fuorché ad imporci la stupidaggine detta Moneta Unica e a rubarci il parmigiano e il gorgonzola. A impedirci di bere il nostro latte e mangiare la nostra cioccolata. Ad abolire settanta razze canine, (tutti-i-cani-sono-uguali), a uniformare i sedili degli aerei, nonché a pagare stipendi favolosi ed esenti da tasse ai suoi parlamentari. Quella deludente Unione Europea che parla inglese e francese, mai che parli l'italiano o il fiammingo o che so io, e dove comanda la solita cioè centenaria troika Francia-Inghilterra-Germania. Quell'ambigua Unione Europea che masochisticamente ospita dieci milioni di mussulmani, che ama fornicare coi paesi arabi, intascare i loro petrodollari. Quella stupida Europa che parla di «identità-culturale» col Medio Oriente. (Cosa significa identità-culturale col Medio Oriente, perdio?!? Dov'è l'identità-culturale col Medio Oriente, accidenti?!? Alla Mecca? A Betlemme, a Damasco, a Beirut? Al Cairo, a Teheran, a Bagdad, a Kabul?!?). Quella infuriante menzogna alla quale insieme col parmigiano e il gorgonzola l'Italia sta sacrificando la propria lingua, la propria identità nazionale, la stessa speranza di non essere più considerata un paese di seconda o di terza categoria.

*   *   *

Qual è la mia Italia, allora? Semplice, caro mio, semplice. È l'Italia opposta alle Italie di cui fin qui t'ho parlato. Un'Italia ideale. Un'Italia seria, intelligente, dignitosa, coraggiosa, quindi meritevole di rispetto. Il rispetto che nemmeno con mezzo secolo di democrazia è riuscita a guadagnarsi. Un'Italia laica e non imbele. Un'Italia che non si lascia intimidire né dai turbanti né dai Fouché, dai Barras, dai Tallien. Un'Italia fiera di sé stessa, un'Italia che mette la mano sul cuore quando saluta la bandiera bianca rossa e verde. Insomma l'Italia che sognavo da ragazzina, quando non avevo scarpe ma traboccavo di illusioni. E quest'Italia, un'Italia che c'è, c'è anche se viene zittita o irrisa o insultata, guai a chi me la tocca. Guai a chi me la ruba, guai a chi me la invade. Perché, che a invaderla siano i francesi di Napoleone o gli austriaci di Francesco Giuseppe o i tedeschi di Hitler o i compari di Usama Bin Laden, per me è lo stesso. Che per invaderla usino i cannoni o i gommoni, idem.

Stop. Quello che avevo da dire l'ho detto. La rabbia e l'orgoglio me l'hanno ordinato. La coscienza pulita e l'età me l'hanno consentito. Ora basta. Punto e basta.

ORIANA FALLACI

New York, Settembre 2001

Finito di stampare
nel mese di dicembre 2001 presso il
Nuovo Istituto Italiano d'Arti Grafiche - Bergamo
Printed in Italy